二十一世纪普通高等教育人才培养“十三五”系列规划教材
ERSHIYI SHIJI PUTONG GAODENG JIAOYU RENCAI PEIYANG SHISANWU XILIE GUIHUA JIAOCAI

国际金融理论与实务

主　编○朱　靖
副主编○刘　铁　肖　岚

西南财经大学出版社
Southwestern University of Finance & Economics Press
中国·成都

图书在版编目(CIP)数据

国际金融理论与实务/朱靖主编．—成都：西南财经大学出版社，2017.1(2019.1 重印)

ISBN 978-7-5504-2781-5

Ⅰ.①国… Ⅱ.①朱… Ⅲ.①国际金融 Ⅳ.①F831

中国版本图书馆 CIP 数据核字(2016)第 315165 号

国际金融理论与实务

主　编:朱靖

副主编:刘铁　肖岚

责任编辑:李晓嵩

封面设计:何东琳设计工作室

责任印制:朱曼丽

出版发行	西南财经大学出版社(四川省成都市光华村街 55 号)
网　　址	http://www.bookcj.com
电子邮件	bookcj@foxmail.com
邮政编码	610074
电　　话	028-87353785　87352368
照　　排	四川胜翔数码印务设计有限公司
印　　刷	郫县犀浦印刷厂
成品尺寸	185mm×260mm
印　　张	9.75
字　　数	220 千字
版　　次	2017 年 1 月第 1 版
印　　次	2019 年 1 月第 2 次印刷
印　　数	2001—3000 册
书　　号	ISBN 978-7-5504-2781-5
定　　价	25.00 元

前 言

国际金融理论与实务是经济类各专业的一门重要的专业基础课程，其研究对象是国际货币金融关系，其目标是阐述国际金融关系发展的历史与现状，揭示国际货币流通与国际资金融通的基本规律。

本教适用于高等院校金融学专业、国际经济与贸易专业、国际经济专业及相关经济学专业。

本教材的编写遵循以下原则：

1. 定位更加强调以就业为导向。本教材力求从实际应用出发，尽量减少枯燥、不实用的理论灌输，充分体现以行业为向导、以能力为本、以学生为中心的风格，从而使本教材更具有实用性和前瞻性，与就业市场结合得更为紧密。

2. 注重培养学生的职业技能。本教材力求避免传统教材“全而深”的编写模式，将教、学、做有机融为一体，在给予学生理论知识的同时，强化对学生实际操作能力的培养。

3. 采用案例导入教学的编写模式。本教材引用了大量实际案例进行分析，密切联系实际，以达到编写实训教材的目标。这些精心设计的案例不但有利于教师授课，还可以启发学生思考，提高其就业创业的能力。

本书编写历经三载，从拟定写作大纲到最终定稿，广泛听取专家意见，经过多次修改和完善，终于完稿。刘铁完成了第一章的编写工作；肖岚完成了第九章的编写工作；其余各章的编写工作由朱靖完成。

本书在编写过程中，参阅了大量关于国际金融的著作与教材，吸收了国内外的最新研究成果，在此一并向这些作者表示衷心的感谢。

由于编者自身学术水平有限，书中存在不足和错误，敬请读者批评和指正。

朱 靖

2017 年 1 月

目 录

第一章　国际收支

学习目标

- 了解国际收支的概念
- 掌握国际收支平衡表各项目之间的内在联系
- 分析国际收支失衡的经济影响，并利用其中的信息发展对外贸易

专业术语

国际收支　国际收支平衡表　周期性失衡　货币性失衡　结构性失衡

案例导入

近些年，“中国制造”逐渐在外国消费者中赢得口碑，外国消费者不仅接受“中国制造”，而且看好“中国制造”。值得注意的是，许多中国产品的零部件来自世界其他地区，因此“中国制造”的进步也体现了中国对外开放和国际化的成果。

中国是全球制造业大国，这似乎已经成为定论，但从出口来看，我们的外资企业出口占总出口的比重连续多年超过50%；加工贸易出口占总出口的比重也超过50%；我们相当多的企业走向国际市场必须要“贴洋牌”“挂洋牌”。仅仅从这三个方面看，中国是否已经真正成为全球重要制造业基地是值得怀疑的。

【启示】国与国的经济交往日益深入是当前世界经济发展的必然趋势，我国如何确立在未来世界经济版图中的地位，我国企业如何制定同世界各国企业竞争的战略，必须从研究和分析不同类型国家的国际收支状况开始。

第一节　国际收支概述

一、国际收支的起源与发展

在17世纪初，欧洲重商主义盛行时期，国际贸易活动频繁展开。这时国际贸易仅仅是指有形商品的贸易。

国际金本位制崩溃以后，国际经济交易内容和范围逐步扩大，国际收支已从贸易收支扩展为外汇收支。凡在国际经济交往（包括国际借贷）中必须通过外汇进行清算的交易都属于国际收支的范围。

二战后，对外贸易迅速发展，国际上各种政治、经济、文化往来日益密切，技术、商品和劳动力的国际交流，资本流动，无偿性质的捐款、赠款、侨汇等单方转移和国际援助等都呈现迅速发展的态势。与此同时，结算手段也日益多样化，有许多交易并不涉及外汇收支。建立在现金基础上的国际收支概念已不能适应国际经济形势的发展，国际收支的概念又有了新的改变，将其概念重心由收支转向交易，形成了当今广泛采用的国际收支概念。

在当今世界经济中，国际收支是各国国民经济的重要组成部分，是各国经济领域的重要课题之一。一国的国际收支是否平衡，对该国的货币汇率和对外贸易政策的制定乃至整个国民经济都有极其重要的影响。

二、国际收支的概念

（一）狭义概念

国际收支（Balance of Payments，BOP）是以支付为基础统计的，一国在一定时期内（通常为一年）必须以货币（外汇）同其他国家立即结算支付的对外债权债务。

（二）广义概念

国际收支是以交易为基础统计的，一国或地区的居民与非居民在一定时期内，由于对外的政治、经济和文化往来所产生的全部国际经济贸易价值的总和。

三、国际收支的内涵

国际收支是一个流量概念，记录的是一定时期的交易，具有可累加的特点。国际借贷是一个存量概念，记录的是一定时点上一国居民对外资产和负债的总和。

国际收支与国际借贷的区别如表 1.1 所示。

表 1.1　　国际收支与国际借贷

国际收支 (Balance of Payments)	时期 (A Period of Time)	一切对外发生的经济交易	流量 (Flow)
国际借贷 (Balance of International Indebtedness)	时点 (A Point of Time)	形成债权债务关系	存量 (Stock)

国际收支记录的国际经济交易（International Economic Transactions）必须是一国的居民与非居民之间的经济交易。

在国际收支统计中，居民是指一个国家经济领土内具有一定经济利益的经济体。经济领土一般包括一国的地理领土、领空、领海和邻近水域大陆架（享有或声称享有捕捞和海底开采管辖权的大陆架和专属经济区）以及该国在世界其他的地方（如大使馆、领事馆、军事基地、科学站、信息或移民办事处、援助机构等）。

非居民是指外国政府、外国在本国的代表机构以及不在本国的个人和企业。国际机构，如联合国、国际货币基金组织（International Monetary Fund，IMF）是任何国家的非居民。

特别要注意的是，居民和非居民的划分并不是以国籍为标准，而是以交易者的经济利益中心所在地（Center of Economic Interest）为标准。

如果一个经济体在某国经济领土内从事（或计划从事）大规模经营活动一年或一年以上，那么可以认为该经济体在这个国家具有一定的经济利益。一国的经济体大致可分为四类：家庭以及组成家庭的个人、公司（包括国外直接投资者的分支机构）、非营利性机构和该经济体中的政府。这些机构单位必须符合一定的条件才能成为经济体中的居民单位。

关于居民应重点明确以下几点：

第一，所谓居民，是指在一国（或地区）的居民或营业的自然人和法人。

第二，身在国外而不代表政府的任何自然人，依据其经济利益中心或长期居住地确定其居民身份。

第三，法人组织是其注册国（或地区）的居民。

第四，一国官方外交使节、驻外军事人员，不论在国外的时间长短都属派出国居民。

第五，国际机构，如联合国、国际货币基金组织等是任何国家的非居民。

第六，居民由政府、个人、非营利团体和企业构成。

国际收支反映的内容是国与国之间的全部经济交易（即经济价值从一个经济体向另一个经济体的转移）。

从内容上看，经济交易包括：

第一，金融资产与商品劳务之间的交换（如以外汇购买商品或劳务）。

第二，商品与商品及商品与劳务之间的交换（如以货易货交易）。

第三，金融资产之间的交换（如以美元购买美国国债）。

第四，无偿、单向的金融资产转移（如跨国金融资产转移）。

第五，无偿、单向的商品劳务转移（如跨国捐赠）。

前三种经济交易，是一方向另一方提供一定数量的经济价值，并且得到价值相等的回报的交易行为，其实质是交换。后两种经济交易则是一方向另一方提供了经济价值，而并没有得到补偿与回报，其实质是无偿转移。在这五种国际经济交易中，不发生外汇收支的经济交易也包含在其中，如易货贸易、清算协定下的记账贸易等。

第二节 国际收支平衡表

一、国际收支平衡表的概念

国际收支平衡表（Balance of Payment Presentation）是把一国的国际收支按照一定的项目分类统计的报表，集中反映了一国一定时期国际收支的具体构成和总貌。

二、国际收支平衡表的主要内容

根据国际货币基金组织 2008 年 12 月发布的《国际收支和国际投资头寸手册》（第

六版）的分类，国际收支平衡表中的全部账户可分为四项，即经常账户、资本与金融账户、储备资产、错误与遗漏。

（一）经常账户

经常账户（The Current Account）又称经常项目，是本国与他国进行经济交易时经常发生并在整个国际收支总额中占有重要比重与地位的项目，是国际收支平衡表中最基本、最重要的项目。

经常账户反映一国与他国之间实际资源的转移。

经常账户一般包括货物和服务、收入、经常转移三个二级账户。

1. 货物和服务

（1）货物。货物（Goods）记录因有形商品进出口而引起的收支状况。出口记入贷方，进口记入借方，其差额称为贸易差额，又称有形贸易差额。根据国际货币基金组织的规定，进出口商品价格均按离岸价格（Free on Board，FOB，下同）计算，但各国并不一致。在海关统计中，习惯以离岸价格计算出口价格，而以到岸价格［Cost（成本）、Insurance（保险费）、Freight（运输费），CIF］计算进口商品价格，大多数国家在国际贸易统计中也习惯如此。因此，在国际收支平衡表中记录进口商品的支出时，应把到岸价格的运费、保险费等一切抵岸之前的费用予以扣除，换算成离岸价格，并把运费、保险费等国外发生的费用分别列入劳务收支项目中。

在货物项目下，除包括一般商品的出口和进口外，还包括用于加工的货物，即运到国外进行加工的货物的出口和运到国内进行加工的货物的进口；货物修理，即向非居民支付或从非居民得到的交通工具修理费；各种运输工具在港口购买的货物，包括居民或非居民从岸上采购的燃料和物资等；非货币黄金（Non-monetary Gold），即不作为储备资产的黄金进出口。

（2）服务。服务（Service）记录无形贸易收支。服务输出记入贷方，服务输入记入借方。服务项目包括运输、旅游、通信、建筑、保险与金融服务、计算机和信息服务、专有权利使用费和特许费以及其他商业服务等。

2. 收入

收入（Income）又称收益，是指生产要素（包括劳动力与资本）的流动引起的报酬收支，包括职工报酬和投资收入两项。

（1）职工报酬。职工报酬指支付给非居民工人的报酬，包括个人在非居民经济体中为该经济体居民工作所得到的现金或实物形式的工资和福利。

（2）投资收入。投资收入指居民与非居民之间有关金融资产与负债的收入和支出，包括有关直接投资、证券投资和其他投资所得的收入和支出。本国居民拥有外国企业直接投资资本所有权、证券和债权（长短期贷款和存款）所得的股利、利润和利息收入记入贷方，非居民因拥有本国企业直接投资资本所有权、证券和债权所得的股利、利润和利息收入记入借方。特别要注意的是，投资收益记的是增值部分属于经常项目下的收入，而收益再投资属于资本项目。

3. 经常转移

经常转移（Current Transfers）包括所有非资产项目的转移，是商品、劳务或金融资产在居民与非居民之间转移后，并未得到补偿与回报的转移，因而又称无偿转移或单方面转移。外国对本国的无偿转移记入贷方，本国对外国的无偿转移记入借方。经常转移包括政府的无偿转移和私人的无偿转移。

（1）政府的无偿转移。政府的无偿转移包括政府间经济援助、军事援助和捐赠，战争赔款，政府向国际组织定期缴纳的费用以及国际组织向各国政府定期提供的转移。

（2）私人的无偿转移。私人的无偿转移包括侨汇、继承、捐赠、赡养费、资助性汇款和退休金等。

（二）资本与金融账户（The Capital and Financial Account）

1. 资本账户

资本账户（Capital Account）反映一国与他国之间的资本或金融资产的转移。资产从居民向非居民转移，会增加居民对非居民的债权，或减少居民对非居民的债务；资产从非居民向居民转移，则会增加居民对非居民的债务，或减少居民对非居民的债权。因此，这个账户表明本国在两个时点之间的时期内资产与负债的增减变化。

同经常账户记录借方总额和贷方总额的方法不同，资本账户是按净额（借贷差额）来记入借方与贷方的。资本账户包括资本转移和非生产、非金融资产交易两个部分。

（1）资本转移。资本转移包括投资捐赠和债务注销。投资捐赠可以以实物形式，也可以以现金形式进行。债务注销是指债权人放弃债务，而未得到任何回报。

（2）非生产、非金融资产交易。非生产、非金融资产交易指并非由生产创造出来的有形资产（如土地和自然资源）和无形资产（如专利权、版权、商标权等）的收买与出售。关于无形资产，经常账户中服务项目下记录的是无形资产运用所引起的收支，而在资本账户下记录的是无形资产所有权的买卖所引起的收支。

2. 金融账户

金融账户（Financial Account）反映居民与非居民之间由于借贷、直接投资、证券投资等经济交易所发生的外汇收支。同资本账户一样，金融账户记录的也是净额。根据功能的不同，可把金融账户分为直接投资、证券投资、其他投资三个部分。

（1）直接投资。直接投资（Direct Investment）反映直接投资者对在国外投资的企业拥有10%以上（含10%）的普通股或投票权，从而对该企业的管理具有的发言权。直接投资项目分为国外和在报告经济体两部分，每部分都可分为股本资本、再投资收益以及其他资本。

（2）证券投资。证券投资（Portfolio Investment）又称间接投资，投资者对企业不享有经营管理权。一国买入证券为资本输出，一国卖出证券为资本输入。股票、债券及衍生金融工具投资都属于证券投资。

（3）其他投资。其他投资（Other Investment）指直接投资和证券投资之外的金融交易，包括贷款、预付款、金融租赁下的货物、货币和存款（指居民持有外币和非居民持有本币）等。

（三）储备资产

储备资产（Reserve Assets）是指一国货币当局拥有的可以用来平衡国际收支或满

足其他交易目的的各类资产。储备资产包括以下四类：

1. 货币黄金

货币黄金（Monetary Gold）指货币当局（一般为一国的中央银行）所持有的货币黄金。货币黄金的交易仅在一国货币当局与其他国家的货币当局或国际货币基金组织之间进行。

2. 外汇

外汇（Foreign Exchange）包括一国货币当局对非居民的债权，其形式表现为货币、银行存款、政府的有价证券、中长期债券、货币市场工具、派生金融产品以及中央银行之间或政府之间各种安排下不可交易的债权。

3. 特别提款权

特别提款权（Special Drawing Rights，SDRs）是国际货币基金组织创设的一种储备资产和记账单位，又称“纸黄金”。它是国际货币基金组织分配给成员国的一种使用资金的权利。成员国在发生国际收支逆差时，可用它向国际货币基金组织指定的其他成员国换取外汇，以偿还国际收支逆差或偿还国际货币基金组织的贷款。它还可以与黄金、自由兑换货币一样充当国际储备。但是，由于特别提款权只是一种记账单位，不是真正的货币，使用时必须先换成其他货币，因此不能直接用于贸易或非贸易的支付。

4. 在国际货币基金组织中的储备头寸

在国际货币基金组织中的储备头寸（Reserve Position in the IMF）指国际货币基金组织成员国在国际货币基金组织普通资金账户的头寸。它包括一国向国际货币基金组织认缴份额中用可兑换货币缴纳的部分和国际货币基金组织可随时偿还的该国对国际货币基金组织的贷款。

需要注意的是，在国际收支平衡表上的官方储备资产是增减额，而非持有额，即官方储备的数字只是该国国际储备的变动情况。当一国国际收支出现差额时，该国就可动用黄金、外汇或增减国际债权债务来进行平衡。同时，还要注意官方储备资产增减符号的意义，出于平衡整个账户的需要，人为地把官方储备资产的增加用“-”表示，把官方储备资产的减少用“+”表示。一国官方储备增加时，记在该项目的借方；一国官方储备减少时，记在该项目的贷方。

（四）错误与遗漏

错误与遗漏项目（Errors and Omissions Account）不可避免。按照会计学的复式记账原理记账，借方总额与贷方总额相等，因此国际收支平衡表应是一份总净值为零的统计报表。但是，一国国际收支平衡表余额不是出现在借方就是出现在贷方，主要原因是统计资料有误差和遗漏。造成统计资料误差和遗漏的原因如下：

第一，资料无法完整统计，比如商品走私、资本潜逃是难以统计出来的。

第二，资料来源不统一，比如统计资料有的来自海关，有的来自银行报表，有的来自政府主管部门，口径不一，难免造成重复计算或漏算。

第三，资料本身有错误，有的统计数字可能是估算出来的。

三、国际收支平衡表的记账原则

国际收支平衡表就是将国际收支按特点账户分类和按复式记账原则编制出来的报表，通过对它的分析可以了解一国国际经济交往的概况。国际收支平衡表的记账原则为有借必有贷，借贷必相等，即任何一笔交易都同时记贷方和借方，数额相等，方向相反。

贷方记引起货币流入本国的交易或货币流入本国的项目。用“+”表示货物和服务的出口、收益收入、接受无偿援助、金融负债增加和资产减少。

借方记引起货币流出本国的交易或货币流出本国的项目。用“-”表示货物和服务的进口、收益支出、对外无偿援助、金融负债减少和资产增加。

国际收支平衡表的具体记账规则如下：

第一，出口商品记入贷方，进口商品记入借方。

第二，为非居民提供劳务或从外国取得投资及其他收入记入贷方；反之，记入借方。

第三，居民从非居民收到的国外经常转移记入贷方；反之，记入借方。

第四，本国居民获得外国资产或对外国投资记入借方；反之，记入贷方。

第五，非居民偿还本国居民债务记入贷方，本国居民偿还非居民债务记入借方。

第六，官方储备资产减少记入贷方；反之，记入借方。

总之，凡是引起本国从外国获得货币收入的交易记入贷方，凡是引起本国对外国货币支出的交易记入借方，而该笔货币收入或支出本身则相应记入借方或贷方。凡是引起外汇供给的经济交易记入贷方，凡是引起外汇需求的经济交易则记入借方。

四、国际收支平衡表的分析

国际收支是经济分析的主要工具，一国的国际收支记录了其与世界各国的经济金融往来的全部情况，也反映了该国的对外经济特点。因此，认真、全面地分析国际收支平衡表，对于了解国内外经济状况、针对本国国情制定相应的措施具有相当重要的意义。

（一）分析目的

1. 判断国际收支状况

国际收支差额为零时，称为国际收支平衡；当这一差额为正时，称为国际收支顺差；当这一差额为负时，称为国际收支逆差。其中，后两者统称为国际收支不平衡。由此我们可以判断出本国国际收支状况并采取补救的措施。

2. 分析国际收支失衡原因

国际收支平衡表反映了一国一定时期对外资金流向和流量的变化。变化的原因可能是受到本国政治、经济因素的影响，也可能是由于国际上或者其他国家的某种变动造成的。我们通过对本国国际收支的经常分析，并结合对有关国家国际收支状况的分析，可以找到造成本国国际收支不平衡的具体原因，从而为国家制定正确的对内、对外经济金融政策提供依据。

3. 参考制定经济政策，预测汇率、利率走向

国际收支平衡表客观地反映了一国或地区的国际储备资产的净额。我们通过分析本国或本地区的国际收支平衡表，可以掌握其国际储备资产增减变动的情况，以此依据制定本国或本地区的国际储备的合理水平；通过分析他国或地区编制的国际收支平衡表，根据其国际储备资产变动的情况，能够确定其经济政策和金融政策的走向以及汇率波动的趋势。

4. 预测本国或本地区经济政策、经济发展趋势、资金流向

国际收支平衡表全面地反映了世界经济活动的基本情况。我们通过分析与比较各国或地区的国际收支平衡表，可以在了解他国或地区不同经济实力的同时，了解本国或本地区在世界经济一体化中的地位和作用。这对预测世界经济发展趋势并制定相应对策发挥重要作用。

（二）分析方法

1. 逐项分析

逐项分析，即按照国际收支平衡表的项目分类，如货物贸易、劳务、收入、单方面转移、资本（长/短期）、储备资产和误差与遗漏项等，按类逐一分析。

2. 综合分析

综合分析，即对国际收支平衡表进行整体性分析。国际收支平衡表由大大小小几十个项目组成，其中某一个或某几个项目的平衡，并不能代表全部项目都是平衡的。同样，某个大项目的平衡也不意味着其下面的各个子项目和小项目都是平衡的，因此需要整合以后进行全面的分析，目的是分析局部差额和总差额的关系。

3. 对比分析

对比分析又称纵向分析和横向分析。纵向分析又称动态分析，是指对一国若干联系时期的国际收支平衡表进行比较分析，以发展的眼光来分析国际收支的各个项目及总体收支与差额的变化，分析其发展是否正常、均衡以及差距所在。横向分析又称静态分析，是指对不同国家在相同时期的国际收支平衡表进行比较分析。

第三节　国际收支平衡与失衡

一、国际收支平衡

（一）自主平衡与被动平衡

一般而言，按照交易动机或目的，国际收支平衡表中记录的经济交易可以分为自主性交易和补偿性交易两种类型。自主性交易是指基于某些商业动机，如追求利润或其他利益而独立发生的交易。这些交易产生的货币收支并不一定能完全相抵，由此产生的外汇超额供给或需求会引起外汇价格的变动。补偿性交易是指一国货币当局为弥

补自主性交易失衡而采取的调节性交易，是因为自主性交易而发生的融通性交易。只有当自主性交易达到平衡，国际收支才真正平衡。经补偿性交易调节后达到的平衡是一种被动平衡，实质上是一种不平衡。

（二）账面平衡与真实平衡

国际收支平衡表中借贷双方与资产负债不是对应的。在国际收支的记录中引起外汇流入的交易记入贷方，引起外汇流出的交易记入借方。在实际中，外汇流入不一定是资产的增加，外汇流出不一定是负债的增加。例如，记入贷方的收入是由于出售有价证券、向国外借款得到的，那么这种收入实际上是资产的减少、负债的增加；记入借方的支出是由于购买了外国有价证券或偿还国外债务，那么这种支出实际上是资产的增加、负债的减少。对一个国家而言，由于资产的减少或负债的增加而取得的外汇收入，并不是真实的收入，账面上虽然是平衡的，实质上却是不平衡的。

（三）数额平衡与内容平衡

一国国际收支在数额上达到平衡只能说是实现了表面上的平衡，这种平衡是否为真正的平衡，还要分析一国经济交易的内容。只有输出的货物有利于本国进一步发展，改善本国出口在世界经济交往中的地位，而输入的货物也有利于国内经济的发展，这种平衡才是内容上的平衡。若进出口虽然达到平衡，但却不利于本国经济的发展，那么这种平衡只是数额上的平衡，内容上却是不平衡的。

二、国际收支失衡的原因

（一）周期性不平衡

周期性不平衡是指一国经济周期波动引起该国国民收入、价格水平、生产和就业发生变化导致的国际收支不平衡。一国市场经济不会总在一种均衡的状态下进行，而是周而复始地经历繁荣、衰退、萧条和复苏四个阶段。当一国处于经济萧条时期时，往往出现竞相出口而进口需求急剧萎缩，往往会出现国际收支顺差。例如，日本在1974年国民生产总值增长19.4%，国际收支却出现了46.9亿美元的逆差；1976年日本经济陷入萧条，但国际收支却出现了36.8亿美元的顺差。这种周期性的变化，使得国际收支不平衡的两种状态交替出现。

（二）结构性不平衡

结构性不平衡是指当国际分工格局或国际需求结构等国际经济结构发生变化时，一国的产业结构及相应的生产要素配置不能完全适应这种变化，从而导致的国际收支不平衡。结构性不平衡包括两个方面的含义：一方面是指经济和产业结构变动的滞后和困难会引起国际收支不平衡；另一方面是指一国的产业结构比较单一，随着经济发展或外来冲击的出现，就会发生国际收支不平衡。

（三）收入性不平衡

收入性不平衡是指由于各种经济条件的恶化，引起国民收入的较大变动，进而导致的国际收支不平衡。经济周期波动及经济增长率的变化都可能引起国民收入的变动。一般来说，当一国的国民收入增加时，会引起需求扩大、贸易和非贸易支出增加，从而造成国际收支逆差；反之，如果一国的国民收入减少，国内需求下降，引起物价下跌，则出口增加、贸易和非贸易支出减少，使逆差逐步减少，甚至出现顺差。

国民收入发生变动的原因有两个：一是周期性变动，经济周期的不同阶段会引起国民收入的增减，这属于周期性不平衡。二是经济增长情况，经济增长率高，则国民收入增加；反之，则国民收入减少。当一国的经济增长率与其他国家不一致时，其国际收支就可能发生收入性不平衡。

一般来说，经济结构性因素和经济增长率变化引起的国际收支不平衡具有长期、持久的性质，而被称为持久性不平衡。其他因素引起的国际收支不平衡具有临时性，而被称为暂时性不平衡。

（四）货币性不平衡

货币性国际收支平衡是指由于一国货币价值的变动而使一国国际收支出现的不平衡。货币性失衡主要是由通货膨胀或通货紧缩引起的，在汇率水平一定的情况下，这两者的变动都会在本国商品的出口或进口价格上反映出来，从而引起该国的贸易额发生变化，最终引起国际收支不平衡。

（五）其他原因的不平衡

其他原因的不平衡主要包括季节性不平衡和偶然性不平衡。季节性不平衡是指由生产和消费的季节性造成的国际收支不平衡。对以农产品为主要出口商品的国家来说，季节性不平衡较为明显。偶然性不平衡又称临时性不平衡，是由短期的、非确定的或偶然因素引起的国际收支不平衡。例如，2004 年的印度洋海啸致使印度洋沿岸地区或国家的旅游业遭受严重打击，旅游外汇收入锐减，导致其国际收支失衡。这种性质的国际收支失衡程度较浅、持续时间不长，并且具有可逆性，因此基本上可以认为是一种正常现象。

三、国际收支失衡的影响

一国的国际收支失衡表现为收支顺差与收支逆差两种情况。持续的国际收支顺差或逆差不仅影响到一国对外经济的发展，而且会通过各种传递机制对国内经济的稳定和发展产生影响，还可能影响到国内的经济增长、通货膨胀，甚至还影响到就业问题。

（一）国际收支顺差对经济的影响

1. 导致通货膨胀

持续顺差会增加外汇的供给和对本币的需求，货币当局不得不在外汇市场上购入大量外汇进行干预，这样会导致本国扩大货币投放规模，引起通货膨胀。

2. 本币持续坚挺

大量的国际收支顺差会使外汇供过于求，迫使本国货币汇率上升，使出口商品处于不利的竞争地位，影响出口贸易的发展，从而加重国内的失业问题。

3. 外汇市场受到冲击

持续顺差会使本国的外汇汇率下跌，本币汇率过于坚挺。这必然会引起国际短期资金大量流入，引发大规模的套汇、套利和外汇投机活动，冲击外汇市场，破坏国内和国际金融市场的稳定。

4. 不利于发展国际经济关系

一国的顺差即为他国的逆差，大量顺差说明该国的出口很多、进口很少，而他国却出口很少、进口很多。这样必然不利于其他国家的经济发展，很可能引起国际摩擦，影响国际经济关系。

（二）国际收支逆差对经济的影响

1. 阻碍了本国的经济增长

由于长期逆差的存在，本国的外汇储备大量减少，为进口本国所必需的生产资料和原材料带来困难，从而阻碍了国民经济的发展。同时，出现逆差会使本国货币汇率下跌，政府干预外汇市场，形成国内货币紧缩，促使利率上升，影响本国经济增长。

2. 不利于对外经济交往

存在持续逆差的国家会增加对外汇的需求，从而促进外汇汇率上升，本国货币不断贬值，本币的国际地位降低，对本国的对外经济交往产生消极影响。同时，本币贬值或汇率下降会引起进口商品价格和国内物价上涨，加重通货膨胀。严重的通货膨胀还会引起资本大量外逃，造成国内资金短缺，影响国内投资建设和金融市场的稳定。

3. 损害国际信誉

长期逆差使本国的偿债能力降低，如果长期陷入债务困境不能自拔，就会影响本国的经济和金融实力，并失去在国际上的信誉。

第四节 国际收支调节

国际收支失衡的调节是指一国消除其国际收支不平衡，使国际收支达到基本平衡的过程。调节机制可分为自动调节机制和政策调控机制两类。一般情况下，当一国发生国际收支不平衡时，自动调节机制会立即启动并持续发生作用，直至消除不平衡；政策调控机制有一定的滞后性。自动调节机制也会产生一定的消极作用，而运用政策调控机制强化或中止自动调节机制的运行，可以迅速消除国际收支不平衡。两种方法要进行选择和配合，以使调节成本降到最低。

一、自动调节机制

（一）价格机制

当出现国际收支顺差时，该国国内市场货币供给增多，容易引起国内信用膨胀、利率下降、投资和消费相应上升、国内需求量增加，使本国物价与出口商品价格随之上升，从而削弱了本国出口商品的国际竞争力，出口减少，进口增加，国际收支顺差逐步减少直至平衡。

当出现国际收支逆差时，该国国内市场货币供应量下降，从而引起社会总需求萎缩，必然会带来物价水平的回落，使本国出口产品具有相对价格优势，促使出口增加和进口减少，有利于国际收支逆差的消除。

这种通过国内商品价格的涨跌，进而改变国际收支的机制被称为价格机制。

（二）收入机制

当国际收支出现逆差时，国民收入水平下降，本国货币供应量也会减少，从而引起社会总需求下降，其中包括对进口产品的需求减少，从而外汇支出下降，贸易收支得到改善。同时，国际贸易收入下降也会使对外劳务和金融资产的需求都有不同程度的下降，改善经常项目收入和资本与金融账户收支，从而使国际收支状况得到改善。

这种通过国民收入水平的涨跌，进而改变国际收支的机制被称为收入机制。

（三）利率机制

当一国国际收支发生顺差时，该国货币存量增加，银根松动，利率下降。利率水平下降导致资本外流增加，从而使得顺差逐渐减少，国际收支趋于平衡。

当一国国际收支发生逆差时，该国货币存量减少，银根趋紧，利率上升。利率水平上升表明该国金融资产收益率的上升，从而提升了对该国金融资产的需求，导致国内资本停止外流，同时外国资本流入该国以谋求较高利润。因此，国际收支逆差由于资本和金融项目的日趋好转从而实现平衡。

这种通过利率变化导致资本流动改变，进而影响国际收支的机制称为利率机制。

（四）汇率机制

当国际收支出现顺差时，外汇供给大于外汇需求，导致外币贬值，本币升值，本国出口商品以外币表示的国际市场价格上涨，进口商品价格下降，因此出口减少，进口增加，贸易顺差改善，国际收支趋于平衡。

当国际收支出现逆差时，外币升值，本币贬值，出口商品的外币价格下降，进口商品价格上升，出口增加，进口减少，贸易逆差得到改善，国际收支状况趋于平衡。

这种通过汇率涨跌影响进出口商品相对价格，进而改变贸易收支的机制称为汇率机制。

二、政策调控机制

（一）外汇缓冲政策

外汇缓冲政策就是通过外汇平准基金，在外汇市场买卖外汇，调节外汇供求。外汇缓冲政策的具体操作如下：当国际收支逆差时，外汇供给不足，中央银行用本国外汇储备在外汇市场上用外币购买本币，使外汇供给加大，目的是消除国际收支失衡所形成的外汇需求缺口；反之，当国际收支顺差时，外汇供给过大，中央银行在外汇市场上用本币购买外币，消除国际收支不平衡所形成的超额的外汇供给。外汇缓冲政策有利于避免汇率的暂时波动，但会导致储备枯竭，不能从根本上解决赤字问题。

（二）财政政策

财政政策（Fiscal Policy）是指通过调整税率和缩减或扩大政府的财政预算来实现国际收支调节，主要调节手段有财政支出和税收两种（如图 1.1 所示）。

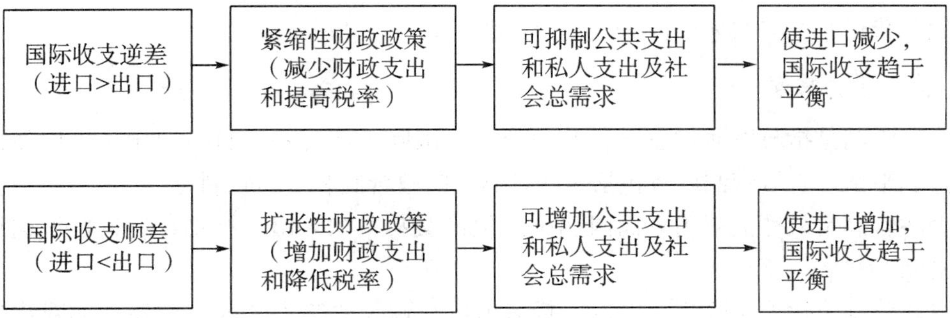

图 1.1　国际收支失衡的财政政策调节方法

（三）货币政策

货币政策（Monetary Policy）是指通过调节法定存款准备金率、再贴现率及公开市场业务操作的手段间接调节国际收支的政策（如图 1.2 所示）。

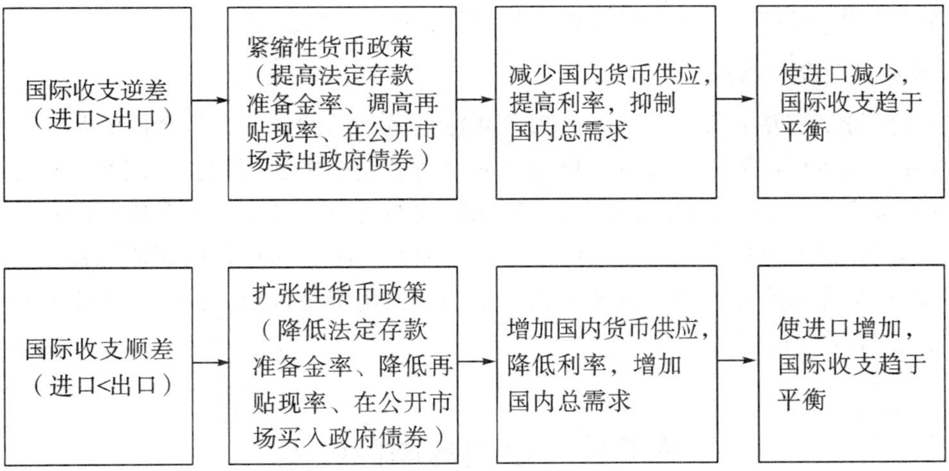

图 1.2　国际收支失衡的货币政策调节方法

（四）汇率政策

汇率政策是指国际收支失衡时，官方宣布本币升值或贬值，以实现国际收支平衡。

在固定汇率制度下，当国际收支出现严重逆差时，实行货币法定贬值政策。本币法定贬值，出口增加，进口减少，从而改善国际收支。反之，实行货币法定升值政策，以减少和消除国际收支顺差。值得注意的是，这里的汇率调整政策是指一国官方公开宣布的法定升值与法定贬值，不包括国际金融市场上自发产生的汇率变动。

当然，运用法定贬值政策，可能引起“货币战”，因此调整汇率务必全面考虑，避免国际摩擦。同时，汇率调整还受到国际上的一些限制。国际货币基金组织认为，只有在会员国国际收支发生根本性失衡时才允许调整汇率。其判断的标准是在保持汇率不变的情况下，要恢复国际收支平衡就必须实施紧缩的财政政策或货币政策，但会造成国内失业加剧，国内经济失衡；如果要维持充分就业，就要实施扩张性财政政策或货币政策，从而进一步使国际收支恶化。这时，国内均衡和国际均衡的矛盾无法协调时，国际货币基金组织才允许会员国调整其汇率。

（五）直接管制政策

直接管制是指政府通过发布行政命令，对国际经济交易进行行政干预，以使国际收支达到平衡。直接管制政策包括金融管制、财政管制和贸易管制等。

金融管制是从外汇使用方面限制国际经济交易，如对出口结汇、进口换汇进行的外汇管制。

财政管制包括关税政策、出口信贷与出口补贴等“奖出限入”政策，如对出口免关税、对进口收取高额关税等。

贸易管制是直接对进出口进行限制，是直接管制的重要内容，其主要措施包括对商品输入实行进口许可证和进口配额制，对某些商品输出实行出口许可证制度等。

实施直接管制政策措施有力、见效快，能按照本国的不同需要，对进出口贸易和资本流动给予区别对待。但是，直接管制政策并不能真正解决国际收支平衡的问题，只是将显性变为隐性，一旦取消管制，失衡仍会重新出现。

（六）国际经济合作政策

国际经济是相互关联的，一国的顺差往往是另一国的逆差，每个国家都会为平衡国际收支采取各种对策，但各自在单方面采取行动会损害他国利益。因此，有必要加强国际经济合作，从而在解决国际收支失衡问题的同时，又不至于造成国际经济秩序混乱。其具体措施包括推行区域经济一体化、加强国际金融组织的职能和作用、加强各国金融信贷方面的合作等，以减少相互摩擦，强化贸易自由，促进生产要素自由流动和最优配置。

第五节　中国的国际收支

一、我国国际收支概况

2015 年第四季度，我国经常账户顺差 5 391 亿元人民币，资本和金融账户（含当季净误差与遗漏，下同）逆差 5 391 亿元人民币。其中，非储备性质的金融账户逆差 12 762 亿元人民币，储备资产减少 7 368 亿元人民币。

2015 年，我国经常账户顺差 18 272 亿元人民币，资本和金融账户逆差 8 258 亿元人民币。其中，非储备性质的金融账户逆差 29 814 亿元人民币，储备资产减少 21 537 亿元人民币（见表 1.2）。

按美元计价，2015 年第四季度，我国经常账户顺差 843 亿美元。其中，货物贸易顺差 1 616 亿美元，服务贸易逆差 486 亿美元，初次收入逆差 213 亿美元，二次收入逆差 73 亿美元。资本和金融账户逆差 843 亿美元。其中，资本账户基本平衡，非储备性质的金融账户逆差 1 997 亿美元，储备资产减少 1 153 亿美元。

按美元计价，2015 年，我国经常账户顺差 2 932 亿美元。其中，货物贸易顺差 5 781 亿美元，服务贸易逆差 2 094 亿美元，初次收入逆差 592 亿美元，二次收入逆差 163 亿美元。资本和金融账户逆差 1 611 亿美元。其中，资本账户顺差 3 亿美元，非储备性质的金融账户逆差 5 044 亿美元，储备资产减少 3 429 亿美元。

表 1.2　　2015 年中国国际收支平衡表（初步数）　　单位：亿元人民币

项　　目	行次	2015 年第四季度	2015 年全年
1. 经常账户	1	5 391	18 272
贷方	2	44 952	164 717
借方	3	−39 561	−146 445
1.1 货物和服务	4	7 219	23 014
贷方	5	40 665	148 050
借方	6	−33 446	−125 036
1.1.1 货物	7	10 327	36 059
贷方	8	36 689	133 694
借方	9	−26 361	−97 636
1.1.2 服务	10	−3 109	−13 045
贷方	11	3 976	14 356
借方	12	−7 085	−27 401
1.1.2.1 加工服务	13	342	1 263
贷方	14	345	1 273
借方	15	−3	−10
1.1.2.2 维护和维修服务	16	33	142
贷方	17	58	224
借方	18	−25	−82
1.1.2.3 运输	19	−822	−3 021
贷方	20	597	2 401
借方	21	−1 419	−5 422
1.1.2.4 旅行	22	−2 906	−12 150
贷方	23	1 006	3 617
借方	24	−3 912	−15 767
1.1.2.5 建设	25	137	402
贷方	26	317	1 036
借方	27	−180	−634
1.1.2.6 保险和养老金服务	28	−48	−174

表1.2(续)

项　　目	行次	2015年第四季度	2015年全年
贷方	29	105	322
借方	30	-153	-497
1.1.2.7 金融服务	31	0	-26
贷方	32	40	138
借方	33	-40	-164
1.1.2.8 知识产权使用费	34	-356	-1 305
贷方	35	11	67
借方	36	-366	-1 371
1.1.2.9 电信、计算机和信息服务	37	267	821
贷方	38	471	-1 531
借方	39	-204	-710
1.1.2.10 其他商业服务	40	285	1 170
贷方	41	993	3 636
借方	42	-708	-2 466
1.1.2.11 个人、文化和娱乐服务	43	-26	-73
贷方	44	11	45
借方	45	-37	-119
1.1.2.12 别处未提及的政府服务	46	-14	-93
贷方	47	23	66
借方	48	-36	-160
1.2 初次收入	49	-1 363	-3 717
贷方	50	3 635	14 305
借方	51	-4 999	-18 022
1.3 二次收入	52	-464	-1 024
贷方	53	652	2 362
借方	54	-1 116	-3 387
2. 资本和金融账户（含当季净误差与遗漏）	55	-5 391	-8 258
2.1 资本账户	56	3	19
贷方	57	6	32
借方	58	-3	-12
2.2 金融账户	59	-5 394	-8 277
2.2.1 非储备性质的金融账户	60	-12 762	-29 814
2.2.2.1 直接投资	61	514	6 579
2.2.2.1.1 直接投资资产	62	-3 329	-8 597
2.2.2.1.2 直接投资负债	63	3 842	15 176
2.2.2 储备资产	64	7 368	21 537

表1.2(续)

项　　目	行次	2015 年第四季度	2015 年全年
2.2.2.1 货币黄金	65	0	0
2.2.2.2 特别提款权	66	3	-17
2.2.2.3 在国际货币基金组织的储备头寸	67	5	56
2.2.2.4 外汇储备	68	7 359	21 498
2.2.2.5 其他储备资产	69	0	0
3. 净误差与遗漏	70	—	-10 014

注:

1. 根据《国际收支和国际投资头寸手册》(第六版) 编制

2. “贷方” 按正值列示,“借方” 按负值列示, 差额等于 “贷方” 加上 “借方”。本表除标注 “贷方” 和 “借方” 的项目外, 其他项目均指差额

3. 以人民币计值的国际收支平衡表的折算方法为当季以美元为计价单位的国际收支平衡表, 通过当季人民币对美元季平均汇率中间价折算。2015 年全年人民币计值的国际收支平衡表为前三季度人民币计值的正式数与第四季度人民币计值的初步数累加得到

4. 2015 年第四季度初步数的资本和金融账户因含净误差与遗漏, 与经常账户差额金额相等, 符号相反。第四季度初步数的金融账户、非储备性质的金融账户同样含净误差与遗漏。2015 年前三季度正式数的资本和金融账户、金融账户和非储备性质的金融账户均不含净误差与遗漏, 净误差与遗漏项目单独列示

5. 本表中前三季度的直接投资资产数据根据最新统计进行了更新, 前三季度的时间序列数据在 “统计数据” 栏目中同步更新

6. 本表计数采用四舍五入原则

二、我国国际收支概况分析

纵观最近几年我国国际收支运行状况, 其对我国经济发展产生了巨大影响。其主要表现如下:

第一, 贸易顺差的扩大, 充分证明了我国改革开放以来实行的外向型经济和对外贸易政策的正确性, 外汇储备的大幅增长也使我国彻底结束了外汇短缺的历史, 标志着我国综合国力和国际信誉的进一步增强。

第二, 较充足的外汇储备, 有助于我国提高抗御国际金融风险的能力, 增强国际社会对我国经济发展和金融安全的信心, 同时也为完善人民币汇率形成机制和逐步推进资本项目可兑换制度提供了较宽的政策空间。

第三, 促进国内经济结构调整以及从国外引进所需要的先进技术、为设备提供了资金支持, 有利于鼓励和支持有条件的国内企业走出去, 充分利用两种资源、两个市场。

与此同时, 国际收支双顺差的结构失衡和储备持续大幅增长的总量失衡, 也为中国经济发展带来了一些不容忽视的问题和挑战。其主要表现如下:

第一, 国际收支失衡的现状增加了当前宏观调控的复杂性。近年来, 外汇持续大量净流入, 使得外汇债款成为中央银行基础货币投放的主要渠道, 但在外汇储备持续较快增长的情况下, 这些调控政策的作用空间受到限制, 加大了货币调控操作的难度, 直接影响到货币政策及宏观调控的自主性与灵活性。

第二，国际收支失衡的现状放大了脆弱性。当前我国一定程度上存在市场流动性偏多问题，是全球流动性过多的组成部分，通过国际收支顺差渗透进入我国金融体系。

第三，国际收支失衡的现状加大了经济增长方式转变和结构调整的难度。国际收支持续顺差，反映了经济增长方式粗放、投资和消费之间的不协调、产业结构的不合理、城乡和区域发展的不协调等突出矛盾。

第四，贸易顺差的大幅度提高，增加了贸易纠纷和贸易摩擦以及人民币升值的压力。

三、我国国际收支的调控

在计划经济体制下，计划是我国调控宏观经济的主要手段，也是我国调节外汇收支的唯一机制。由于外汇收支遵循“以收定支、量入为出、收支平衡、略有结余”的方针，因而在1980年以前的30年中，我国外汇支出基本上保持平衡。随着社会主义市场经济的逐步建立和完善，指令性计划调节范围越来越小，各种市场调节手段和经济杠杆在国际收支的调节作用越来越明显。

（一）汇率政策

我国从1981年开始，实行过几次人民币贬值政策，但汇率贬值对改善我国贸易收支的作用有限，主要原因是我国进出口商品需求的价格弹性与供给弹性不大。在进口需求方面，即使因人民币汇率贬值而使进口商品价格上升，进口需求也难以压缩。在出口供给方面，为保证一定的出口收汇指标，必须出口更多数量的商品，这就更加剧了国内商品的短缺程度，引起国内商品价格上升。因此，汇率贬值对我国外贸“奖出限入”的作用不大，恰恰相反，实行汇率贬值政策容易引发通货膨胀，导致出口结构恶化。随着我国对外开放力度的加大及外汇市场的发育日臻完善，汇率政策将成为我国国际收支调节的重要手段。

（二）税收政策

我国目前通过进口关税、出口退税和对外商投资的税收优惠等手段调节国际收支，这些手段在促进出口和引进外资方面都发挥了积极作用，成为促进我国经济稳定增长的推动力量。

（三）货币政策

我国除了通过调控货币供应和调节宏观经济，从而作用于对外经济活动外，还对进出口贸易和外商投资有针对性地发放优惠贷款，以达到调节进出口贸易和鼓励外商投资的目的。

（四）外汇管制

改革开放后，尽管我国逐步放松了外汇管制，但对国有企事业单位的贸易和非贸易外汇收支仍然实行一定的控制。在短期内，我国国际收支的调节在一定程度上还必须依靠外汇管制这一直接管制手段。但随着我国经济实力的增强及社会主义市场经济运行机制的完善，外汇管制将逐步放松直至取消，我国将主要依靠汇率、利率等经济杠杆调节国际收支。

本章小结

国际收支的概念有狭义与广义之分。狭义的国际收支是以支付为基础统计的，一国在一定时期内（通常为一年）必须以货币（外汇）同其他国家立即结算支付的对外债权债务。广义的国际收支是以交易为基础统计的，是一国或地区的居民与非居民在一定时期内，由于对外政治、经济和文化往来所产生的全部国际经济贸易价值的总和。

国际收支平衡表是把一国的国际收支按照一定的项目分类统计的报表，集中反映了一国一定时期国际收支的具体构成和总貌。国际收支平衡表一般分为经常账户、资本和金融账户、储备资产、错误与遗漏四个账户。

国际收支是否平衡应该从国际收支是形式上平衡还是实质上平衡，是会计意义上的平衡还是社会经济意义上的平衡，是数量上的平衡还是内容上的平衡，是静态的平衡还是动态的平衡等方面进行判断。国际收支不平衡主要有周期性不平衡、结构性不平衡、收入性不平衡、货币性不平衡、季节性和偶然和不平衡五种类型。不同类型的国际收支不平衡，应该采取不同的调节方法进行调节。国际收支不平衡的调节机制可分为自动调节机制和政策调控机制两类。为使宏观经济达到内外均衡，必须注意政策搭配。

在我国，随着社会主义市场经济的逐步建立和完善，指令性计划在国际收支中的调节范围和力度越来越小，各种市场调节手段和经济杠杆在国际收支中的调节作用越来越明显。

复习思考题

1. 国际收支的概念是什么？它可以从哪些角度进行考察？
2. 国际收支平衡表的贬值原理与记账规则是什么？
3. 一国国际收支不平衡的类型有哪些？
4. 简述一国国际收支不平衡对经济的影响。
5. 简述调节国际收支不平衡的主要手段。

实训操作

假设A国在某年度与世界其他国家的交易项目资料如下：

（1）A国政府获得价值40亿美元的国外援助。

（2）A国进口价值200亿美元的小麦。

（3）在A国经营的跨国公司的利润为50亿美元。

（4）A国出口创汇150亿美元。

（5）英国银行向A国政府贷款200亿美元。

（6）A 国购买外汇不动产 100 亿美元。

（7）A 国中央银行卖出 20 亿美元储备资产以干预外汇市场。

分析回答以下问题：

（1）计算该年度 A 国的贸易差额、经常项目差额。

（2）A 国资本项目账户是盈余还是赤字？

（3）针对以上情况该如何调节不合理的地方？

第二章 国际储备

学习目标

- 掌握国际储备的含义与构成
- 了解国际储备的作用
- 掌握国际储备的规模管理和结构管理
- 理解我国国际储备构成的特点

专业术语

国际储备 黄金储备 外汇储备 特别提款权

案例导入

2008 年的金融危机使美元对国际主要货币的汇率频繁下挫，我国国际储备大幅度缩水。虽然如此，我国再次超越了日本成为美元的第一大外汇储备国，面临的问题是外汇储备过高、黄金储备不足。在美元缩水的情况下，我国成为国际储备损失最为严重的发展中国家，因此必须采取相应的调整措施。

为分散货币汇率变动的风险，我国必须保持多元化的货币储备，密切注意汇率变动的趋势，随时调整各种储备货币的比例，以分散汇率变动的风险。

【启示】我国应加强对各主要储备货币汇率变动趋势的研究及各储备货币国家和地区内宏观经济政策等方面的研究，随时调整各种储备货币的比例。

第一节 国际储备概述

一、国际储备的含义

国际储备（International Reserves）是指一国货币当局为平衡国际收支和维持本国货币汇率的稳定以及用于紧急国际支付而持有的为各国普遍接受的一切资产。

国际储备必须同时满足以下三个条件：

第一，一国金融当局必须具有无条件地获得这类资产的能力。

第二，该资产必须具有高度的流动性，即能及时进行转移或兑付。

第三，该资产必须能为各国所普遍接受。

二、国际储备与国际清偿力

国际清偿力（International Liquidity）是指一国直接掌握或不直接掌握的，但在必要时可以用以调节、支持本国货币对外汇率安排以及清偿国际债务的一切国际流动资金与资产。国际清偿力包括一国货币当局持有的国际储备、该国从国外借入的外汇储备、该国商业银行的短期外汇资产和该国官方或私人拥有的中长期外汇资产。

可见，国际储备是一国具有的现实的对外清偿力；而国际清偿力则是该国具有的现实的和可能有的对外清偿力，是一国金融实力的表现。

三、国际储备的构成

根据国际货币基金组织的统计口径，一国国际储备由以下四种形态的资产构成：

（一）黄金储备

黄金储备（Gold Reserve）是指一国货币当局作为金融资产持有的货币性资金（Monetary Gold），而非货币用途黄金不在此范围内。

由于黄金储备不能生息获利，并且不便用作日常的支付手段，因此二战后随着美元的崛起，黄金储备在国际储备中的比重便开始逐渐下降。尽管如此，由于黄金储备有着其他储备资产不能代替的优点，如在通货膨胀情况下具有较好的保值功能，并且可以不受任何超国家权力的干预，因此在各国的储备资产中仍会保持一定比例的黄金储备。

我国自 1981 年以来黄金储备量一直为 1 267 万盎司（约等于 35.919 万千克）。黄金储备有利于确定合理的黄金储备规模；可以避免与商业银行日常营运的黄金资产混为一谈，有利于银行业务的正常运行；有利于实行黄金管制国家的中央银行正确制定黄金管理政策，促进本国黄金产业及相关行业的健康发展。作为国际储备的主要形式之一，黄金储备在流动性上有其自身的局限性，因此应考虑其适度规模的问题。黄金储备的管理目的在于实现黄金储备最大可能的流动性和收益性。

拓展知识

黄金的鉴别方法

1. 看颜色

黄金首饰纯度越高，色泽越深。在没有对比金牌的情况下可按下列色泽确定大体成色（以青金为准则，所谓青金，是指黄金内只含白银成分）：深赤黄色成色在 95%以上，浅赤黄色成色为 90%~95%，淡黄色成色为 80%~85%，青黄色成色为 65%~70%，色青带白光成色只有 50%~60%，微黄而呈白色成色就不到 50%了。通常所说的“七青、八黄、九赤”可作为参考。

2. 掂重量

黄金的比重为 19.32 克/立方厘米，重于银、铜、铅、锌、铝等金属。相同体积的黄金比白银重 40%以上，比铜重 1.2 倍，比铝重 6.1 倍。黄金饰品托在手中应有沉坠之感，假金饰品则觉轻飘。此法不适用于镶嵌宝石的黄金饰品。

3. 看硬度

纯金柔软、硬度低，用指甲能划出浅痕，牙咬能留下牙印，成色高的黄金饰品比成色低的黄金饰品柔软，而含铜越多则越硬。折弯法也能试验硬度，纯金容易折弯，纯度越低，越不易折弯。

4. 听声音

成色在99%以上的真金往硬地上抛掷，会发出“吧嗒”声，有声无韵也无弹力。假的或成色低的黄金声音脆而无沉闷感，一般发出“当当”响声，而且声有余音，落地后跳动剧烈。

5. 用火烧

用火将要鉴别的饰品烧红（不要使饰品熔化变形），冷却后观察颜色变化，如表面仍呈原来黄金色泽则是纯金；如颜色变暗或不同程度地变黑，则不是纯金。一般成色越低，颜色越浓，全部变黑，说明是假金饰品。

6. 看标记

国产黄金饰品都是按国际标准提纯配制成的，并打上戳记，如“24K”标明“足赤”或“足金”；18K金，标明“18K”字样，成色低于“10K”者，按规定就不能打K金印号了。目前社会上不法分子常用制造假牌号、仿制戳记，用稀金、亚金、黄铜冒充真金，因而鉴别黄金饰品要根据样品进行综合判定来确定真假和成色高低。

（二）外汇储备

外汇储备（Foreign Exchange Reserve）是指一国货币当局所持有的可兑换货币和以其表示的支付手段和流动性资产，主要包括银行存款和国库券。

充当外汇储备的货币通常称为储备货币。能充当外汇储备的货币必须具备以下三个基本条件：

（1）是可自由兑换货币。

（2）在国际货币体系中占有重要地位。

（3）具有相对稳定的价值。

由于外汇储备便于支付，并且具有较高的盈利性，因此自二战后外汇储备在国际储备资产总额中所占的比例越来越大。目前，这一比例大约达到80%左右，其中又以美元的比重最大。

外汇储备的功能主要表现在以下四个方面：

（1）调节国际收支，保证对外支付。

（2）干预外汇市场，稳定本币汇率。

（3）维护国际信誉，提高融资能力。

（4）增强综合国力，抵抗金融风险。

一定的外汇储备是一国进行经济调节、实现国内外均衡的重要手段。一般来说，外汇储备的增加不仅可以增强宏观调控的能力，而且有利于维护国家和企业在国际上的信誉，有助于拓展国际贸易、吸引外国投资、降低国内企业融资成本、防范和化解国际金融风险。外汇储备水平取决于多种因素，如进出口状况、外债规模、实际利用外资数量等。各国应根据持有外汇储备的收益、成本比较等状况把外汇储备保持在适度的水平上。

（三）在国际货币基金组织的储备头寸

在国际货币基金组织的储备头寸（Reserve Position in the Fund）又称普通提款权（General Drawing Right），是指成员国在国际货币基金组织普通资金账户中可自由提取和使用的资产。

在国际货币基金组织的储备头寸是指国际货币基金组织的会员国按国际货币基金组织的规定可无条件动用的一部分资金份额，它包括会员国向国际货币基金组织所缴资金份额中的外汇部分和国际货币基金组织用掉的该国货币持有量部分。会员国所缴的资金份额，25%用外汇缴纳，75%用本币缴纳。会员国的普通提款权的最高限为资金份额的125%，其中又分为5档，每档25%，第一档的25%，会员国可自由提用，无须国际货币基金组织审批，故构成会员国的国际储备。

国际货币基金组织在业务活动中为满足其他会员国的需要而会使用掉一部分某会员国所缴的本币份额，对于该会员国来讲，国际货币基金组织用掉多少本币，该国则可相应自由提用等值的外汇。因此，这部分外汇也成为会员国的储备头寸。

（四）特别提款权

特别提款权（Special Drawing Rights，SDRs）是指作为成员国账面资产，赋予成员国在原有的普通提款权以外的特别的提款权利。

这种无形资产的账面资产只能用于成员国政府间的结算，可同黄金、外汇一起作为国际储备，并可用于成员国向其他成员国换取可兑换货币外汇，支付国际收支差额，偿还国际货币基金组织的贷款，但不能直接用于贸易与非贸易支付。

特别提款权和普通提款权的不同表现在以下五个方面：

（1）普通提款权必须在3~5年内偿还，而特别提款权归成员国无条件所有。

（2）特别提款权仅限于在成员国官方转账时使用，私人和企业不得持有和使用。

（3）特别提款权严格限于国际收支失衡问题，不能用于日常的贸易和非贸易支付，更不能用于兑换黄金。

（4）特别提款权是一种信用发行的账面资产，本身并无内在价值，但能作为国际清算的合法手段。

（5）特别提款权价值原先按美元、德国马克、日元、法国法郎和英镑五种货币币值加权平均定值，现在按美元、欧元、日元和英镑四种货币币值加权平均定值。

由于特别提款权不会因为受到一国货币价值变动的较大影响而发生大幅度贬值，因此被认为是一种比较稳定的资产。但由于特别提款权发行数量不多，因此在世界储备总额中所占比重不大。截至2008年，特别提款权总量只占世界国际储备总额的2.87%。

四、国际储备的作用

由于国际储备具有干预与支付功能，因此标志着一国的国际金融实力、在国际经济中的地位以及参与国际经济活动的能力。国际储备的作用主要表现在以下三个方面：

（一）维系本币信誉的物质基础

在外汇市场本币对外币汇率不稳时，国际储备用以干预外汇市场，以保持本币对外币汇率的稳定。

（二）弥补国际收支逆差

动用国际储备，弥补国际收支逆差，可避免一国采取紧急的经济紧缩政策，避免使国内经济发生较强的震动与影响。

（三）吸收外资或从国外借款的信用保证

一国持有的国际储备状况是国际金融界发放贷款时，评估国家风险的重要指标之一。当一国国际储备充足时，对外融资或吸引投资则较易实现，从而发展贸易，开发资源；反之，则较困难。因此，国际储备是强化本国资信、吸收外资流入的有力物质基础。

第二节 国际储备管理

近年来，随着国际储备规模的不断扩大以及国际储备在国际经济活动中作用的加强，各国越来越重视对国际储备的管理，并根据自身情况，采取不同的管理措施。但总体来说，对国际储备的管理主要表现在两个方面：一是量的管理，即国际储备的规模管理；二是质的管理，即国际储备的结构管理。

一、规模管理

（一）国际储备适度规模管理的必要性

国际储备作为一国调节国际收支逆差、稳定外汇市场的现实能力的标志，其规模不能太小，太小容易发生支付危机，不利于一国经济的稳定增长。同时，国际储备的规模也不宜过大，国际储备过多将人为地减少本国国民经济对物资的有效利用；国际储备过多还会给一国的通货膨胀造成压力。

（二）国际储备规模的确定

国际储备规模主要由国际储备的需求和供给决定。国际储备的需求是指一国为调节国际收支和防范汇率风险而应储备的外汇、黄金等资产的数量。国际储备的供给包括国际储备货币国供应的外汇量和国际货币基金组织分配的特别提款权数额等。

1. 国际储备的需求

一般而言，决定一国国际储备水平的主要因素是该国的经济发展水平。由于国际储备主要用于弥补国际收支逆差，因此国际储备规模的下限是能保证该国最低限度进出口贸易总量所必需的对外支付要求的储备资产量。低于这一水平就要引发国际支付危机。国际储备规模的上限应是可应付该国最快经济发展速度，缓和任何偶发事件对国际储备资产需求时的规模。国际储备规模的下限又称经常储备量，是国民经济发展的临界制约点，国际储备规模的上限又称保险储备量。在上下限之间，便构成了一国适量的国际储备区间。

影响国际储备需求的因素主要如下：

（1）国际收支逆差的规模和发生频率。一国的国际收支状况对该国的国际储备要求具有决定性影响，两者呈同方向变化。国际收支逆差差额越大，出现的频率越高，对国际储备需求量就越多；反之，对国际储备的需求量就越少。

（2）国际收支调节政策的成本和效率。一国持有国际储备量最重要的目的是避免或缓冲其采取不利于本国经济发展的国际收支调节政策，如削减进口、提高利率和法定贬值等。这些政策调节成本越高，持有国际储备的收益就越大，该国对国际储备的需求量也就越大。国际储备需求与调节效率则呈反方向变化，相关政策调节国际收支差额的效率越高，国际储备需求就越小；反之，相关政策调节国际收支差额的效率越低，国际储备需求就越大。

（3）汇率制度的选择。国际储备需求同汇率制度有着密切的联系。若一国采取的是固定汇率制度，并且政府不愿意经常性地改变汇率水平，那么就需要持有较多的国际储备，以应付国际收支可能产生的突发性巨额逆差或外汇市场上突然的大规模投机；反之，一国采取浮动汇率制度，可以对外汇市场的汇率波动不干预，即对汇率波动的容忍程度大，其国际储备的持有量就可相对较低。

（4）融资能力。一国在国际金融市场上的融资能力与国际储备需求有着密切联系，两者呈反方向变化。融资能力越强，其潜在的国际清偿力就越强，从而可以减少对国际储备的需求；相反，融资能力越弱，国际清偿力主要由国际储备构成，弥补国际收支逆差主要依靠国际储备，对国际储备的需求就越大。

（5）对外经济合作和国际政策协调。一国与其他国家如能正常开展广泛的国际经济合作，并能保持政策相协调，有利于国际收支失衡的调节，从而可以适当降低国际储备的持有量；反之，对国际储备的需求就会增加。

（6）对经济增长和当期收入水平的偏好。若一国以经济增长为主要目标，争取当期收入水平的提高，则其国际储备的需求必定会受到限制；反之，若一国强调经济稳定，注重减少收入水平的波动，则其对国际储备的需求必定会扩大。

2. 国际储备的供给

国际储备的供给受到成本变量与收益变量的双重制约。具体来说，国际储备的供给由国际储备的单位收益、储备货币发行国的国际收支逆差的规模及其持续时间、国际货币基金组织分配给成员国的特别提款权数额和国际资本市场提供的资金数额等因素决定。国际储备供给主要有以下几个渠道：

（1）国际收支的顺差。国际收支的顺差是国际储备最主要和最直接的来源。若一国的经常账户为顺差，而资本净流出较少或为资本净流入，则该国的国际储备必然增加。

（2）国家干预外汇市场时买进的外汇。国家干预外汇市场时买进的外汇会增加外汇储备量，但需要说明的是靠这种渠道增加储备的只是少数硬通货国家，大多数国家的货币经常处于币值下浮境地，不大可能靠这种渠道增加储备。

（3）一国政府持有的货币黄金的增加。作为国际储备的黄金是货币黄金，其增加主要来自国内收购和在国际黄金市场的购买。20 世纪 70 年代以来，随着黄金非货币化的推进，黄金的地位不断削弱，黄金在国际储备总量中的比重不断减少。从世界范围内来看，黄金产量有限，而黄金其他用途的需求又在逐步增加，因而利用黄金补充国际储备的余地不大。

（4）国际货币基金组织成员国按规定运用普通提款权所得到的贷款。这部分所占的比重较小且稳定，因而也很难通过这种渠道来改变国际储备的持有规模。

（5）国际储备资产自身的增值。一国拥有的外汇及黄金储备资产在国际金融市场上的汇价或金价发生变动时，其价值也将相应地发生变化。一国根据黄金价格的变动适时地购入和抛出黄金，可以保持国际储备的增值。不过，采取这种方法增加国际储备的风险大、可控性差，有时会适得其反。

（三）常见的确定国际储备适度规模的方法

各国政府在确定国际储备适度规模时，基本做法是根据经验确定一个概数，即利用国际储备与一些经济指标之间的比例判断国际储备的适度水平。其主要有以下方法：

1. 国际储备/进口额的比例分析法

这种方法是由美国著名经济学家罗伯特·特里芬对 1950—1957 年 12 个主要国家的国际储备变动情况进行实证研究后提出的。他认为，一国的国际储备应与其贸易进口额保持一定的比例关系，这种比例一般以 40%为适度，低于 30%则需要采取调节措施，最低不能小于 20%。由于这种方法简单易行，并且进口额与储备额的相关分析已证实两者之间存在一种稳定关系，因此 1960 年之后得到普遍运用。

2. 国际储备/国民生产总值的比例分析法

一般来说，一国的经济规模越大，发展速度越快，对市场的依赖程度也就越大，因此需要更多的国际储备作为后盾。这种方法是以实现国内平衡为出发点的。

3. 国际储备/外债的比例分析法

这种方法反映了一国的国际清偿力和资信，是从满足国际社会对国内经济的要求角度设计的。

二、结构管理

（一）结构管理的必要性

随着布雷顿森林体系的崩溃和浮动汇率制的实行，国际储备结构管理尤为重要。国际储备结构管理主要基于以下几个原因：

第一，单一的固定汇率制度转变为多种管理汇率制度，使储备货币的汇率波动频繁，各国金融当局采取相应的措施，以避免本国储备资产的损失。

第二，国际储备货币从单一的美元转变为美元、欧元、日元、英镑等多种储备货币同时并存的局面。不同储备货币汇率趋势与波动不一样，利率水平不同，通货膨胀率也存在较大差异。在这种情况下，就必须恰当调整和搭配储备资产的币种构成，以减少损失，增加收益。

第三，随着国际货币制度发生重大变化，国际金融市场也获得了长足发展，各种新的金融产品和投资工具层出不穷。这为国际储备资产营运方式的选择提供了更多的机会，但同时也加大了储备资产管理的难度和复杂性。

（二）具体管理

1. 外汇储备的币种结构管理

由于外汇储备在各国的国际储备资产中占的比重最大，因此国际储备结构管理的重点实际上就落在外汇储备结构管理上，并且主要包括对外汇储备资产的币种选择及其比例确定两方面的内容。其管理的核心就是要研究不同储备货币国家汇率和利率、通货膨胀及经济发展等的现状及将来可能的变化和趋势，在此基础上，恰当地调整和搭配储备资产货币种类的构成，尽可能地增加收益、减少风险。

2. 外汇储备的资产结构管理

外汇储备的资产结构管理的关键在于如何权衡流动性、安全性和赢利性。一般情况下，任何一种投资方式都不能同时具备较高的流动性、安全性和赢利性。在外汇储备存量一定时，应在流动性、安全性和赢利性之间权衡利弊，以制定合理的组合。一个国家采取哪种组合，还要根据具体情况决定。这些情况包括该国生产的季节性对进出口的影响、国际借贷市场的发达程度、证券投资的选择对象和比例以及该国的资信等。

第三节　中国的国际储备

一、我国国际储备的概况

（一）我国国际储备的构成

自1980年我国正式恢复在国际货币基金组织和世界银行的合法席位后，我国的国际储备资产也由黄金储备、外汇储备、在国际货币基金组织中的储备头寸和特别提款权四部分构成。我国的黄金储备量自20世纪80年代以来一直比较稳定。由于我国在国际货币基金组织中所占的份额较小，因此特别提款权和储备头寸的数额十分有限，占我国国际储备总额的比例极小。

我国的国际储备构成具有以下特点：

1. 黄金储备量稳定

加入世界贸易组织后，我国经济与世界经济更加紧密地融合在一起，对外贸易额和国际资本的流动都有大幅度的增加。为了增强我国经济的抗冲击力的能力，稳定国际收支，我国的黄金储备额到2002年年底增长到1 929万盎司（1盎司等于28.35克，下同），之后的2003年到2009年3月，一直稳定在1 929万盎司，2009年4月增长到3 389万盎司。

2. 外汇储备的占比大

改革开放以前，我国对外经济交往很少，在外汇方面实行“量入为出，以收定支，收支平衡，略有结余”的方针，外汇收支基本保持平衡。我国加入世界贸易组织后的第一年，外汇储备就增加了743亿美元，截至2010年年底，我国外汇储备为28 473.38亿美元。

3. 在国际货币基金组织的储备头寸、特别提款权占比较小，并且呈下降趋势

目前我国经济实力还不够强大，向国际货币基金组织缴纳的份额也不多。自20世纪90年代以来，我国与国际货币基金组织有关的储备头寸和特别提款权占国际储备的比重最高也不过5%左右，并且呈下降趋势。

（二）我国国际储备的管理机构

按照“集中管理，统一经营”的方针，我国国际储备资产的管理机构是中国人民银行。中国人民银行主要负责制定储备资产的方针政策、原则和目标，决定储备资产的规模及币种的结构比例等。管理工作重点集中在对外汇储备的管理上，具体由国家外汇管理局归口管理，外汇储备资产大部分委托中国银行统一经营。

二、我国外汇储备管理

长期以来我国外汇储备存在以下主要问题：

第一，储备资产以债券为主，结构单一。

第二，储备货币以美元居多，币种单一。

第三，外汇储备管理的机会成本高。

因此，我国外汇储备资产结构管理也要遵循安全性、流动性、盈利性的统一，不仅要求安全管理，而且要求高效经营，密切注意国际金融市场上汇率和利率的变化，适时、适量地进行资产转换，使储备资产投资合理化和多样化，避免国际通货膨胀及利率、汇率波动造成的损失。

结合当前我国国际储备发展的趋势和特点，建议采取下列措施进行外汇储备管理：

第一，完善法律法规，建立多层次外汇储备管理体制。

第二，渐进地调整外汇储备币种结构，实施多元化管理。

第三，注重风险管理，增加财富效应。

第四，使用存量外汇储备，为经济建设服务。

第五，建立全方位能源战略体系。

本章小结

国际储备是指一国货币当局为平衡国际收支和维持本国货币汇率的稳定以及用于紧急国际支付而持有的为各国普遍接受的一切资产。国际储备主要由四种形式的资产构成：黄金储备、外汇储备、在国际货币基金组织中的储备头寸、特别提款权。

国际储备的管理包括两个方面：一是量的管理，即国际储备的规模管理；二是质的管理，即国际储备的结构管理。

自 1980 年我国正式恢复在国际货币基金组织和世界银行的合法席位以后，我国的国际储备资产也由黄金储备、外汇储备、在国际货币基金组织中的储备头寸、特别提款权四部分构成。我国的国际储备构成具有三个特点：黄金储备量稳定；外汇储备的占比大；在国际货币基金组织的储备头寸、特别提款权占比较小，并且呈下降趋势。

复习思考题

1. 简述国际储备的含义与构成。
2. 简述国际储备的作用。
3. 简述影响国际储备需求的主要因素。
4. 试述我国国际储备构成的特点。

实训操作

通过国家外汇管理局网站（http://www.safe.gov.cn/）统计数据栏目，查找自 2010 年以来我国的国际储备数据，分析我国国际储备过多的利弊。

第三章　外汇、汇率、汇率制度与外汇管理

学习目标

- 了解外汇、汇率的基本概念和种类
- 学会解读外汇行情表
- 理解影响汇率变动的因素以及汇率变动对经济的影响，初步掌握动态预测和分析汇率趋势的方法
- 了解各国在汇率制度选择上的探索
- 掌握人民币汇率制度改革的内容及方向

专业术语

外汇　汇率　直接标价法　间接标价法　固定汇率制　浮动汇率制

案例导入

中国近年来致力于促进国际收支平衡，人民币兑美元和欧元呈稳步升值趋势。全球金融危机以来，人民币一直“紧盯”美元，汇率在6.83左右波动。分析人士指出，人民币短期内仍会以稳定为主，而未来退出特殊汇率形成机制必定是以扩大双边弹性作为开始。

【启示】汇率政策是开放经济体宏观经济政策的主要组成部分，汇率的形成机制和汇率对经济的影响是对外贸易工作者必须掌握的理论基础和业务基础。

第一节　外汇概述

一、外汇的含义

外汇（Foreign Exchange）是国际汇兑的简称，可以从动态和静态两个角度去理解。

（一）动态的外汇的含义

动态的外汇是指人们为了清偿国际债权债务关系，将一种货币兑换成另一种货币的金融活动过程。这种兑换由外汇银行办理，通过银行间的往来账户划拨资金来完成，

通常不需要现钞支付和现钞运输。

（二）静态的外汇的含义

静态的外汇又有广义和狭义之分。

广义的静态的外汇泛指一切以外币表示的债权或金融资产。国际货币基金组织对外汇的定义是：外汇是货币行政当局（中央银行、货币机构、外汇平准基金组织、财政部）以银行存款、财政部国库券、长短期政府债券等形式保存的，在国际收支逆差时使用的债权。

狭义的静态的外汇是指以外国货币表示的用于国际结算的支付手段，具体包括汇票、本票、支票和银行存款形式存在的外汇，其中以银行存款形式存在的外汇是狭义外汇的主体。

人们通常所说的外汇指的就是狭义的静态的外汇。

二、外汇的要素

（一）外汇必须是外币表示的国外资产

本国货币及由本国货币表示的各种信用工具和有价证券自然不是外汇。例如，美元在美国的国际收支中不能作为外汇，而只有用美元以外的货币支付结算，才是发生了外汇收付。

（二）外汇必须是可自由兑换为其他支付手段的外币资产

外汇可以包括外币，但只有具备可自由兑换性质的外币才能算是外汇。目前，作为外汇的外国货币种类不多，美元、欧元、日元、加拿大元、瑞士法郎、澳大利亚元等是在国际上可自由兑换的货币。

（三）外汇必须是在国外能得到偿付的货币债权

空头支票、遭拒付的汇票等都不能视为外汇。

资料卡

常用货币名称与符号如表 3.1 所示（下文为计算简便、表达简洁以及符合惯例，使用货币符号和国际标准代码）。

表 3.1　常用货币名称与符号

国家或地区名称	货币名称	货币符号	国际标准代码
英国	英镑	£	GBP
欧元区国家	欧元	€	EUR
瑞士	瑞士法郎	SF	CHF
美国	美元	$	USD
加拿大	加拿大元（加元）	Can $	CAD
日本	日元	JP ¥	JPY

表3.1(续)

国家或地区名称	货币名称	货币符号	国际标准代码
新加坡	新加坡元	S $	SGD
澳大利亚	澳元	A $	AUD
韩国	韩元	₩	KRW
泰国	泰铢	฿	THB
中国香港	港币	HK $	HKD
中国	人民币	RMB ¥	CNY
	特别提款权	SDRs	SDR

三、外汇的种类

(一) 按照外汇来源和用途分类

贸易外汇是指通过出口贸易而取得的外汇以及用于购买进口商品的外汇。由于国际贸易涉及银行、保险、运输、港口、仓储、通信、广告宣传等服务，因此与之相关的银行手续费、保险费、运费、装卸费等外汇收支，都算作贸易外汇。

非贸易外汇是指一切来源于出口贸易或用于进口贸易的外汇之外的外汇，包括劳务外汇、旅游外汇、侨汇、捐赠、援助外汇以及属于资本流动性质的外汇等。

(二) 按照对货币兑换是否加以限制分类

自由外汇是指不需要经有关外汇管理当局的批准，就可以自由兑换成别的国家（或地区）的货币，用以向交易方或第三国办理支付的外国货币及支付手段。

记账外汇又称双边外汇或协定外汇，是指不经货币发行国的批准，不能自由兑换其他国家的货币或对第三国进行支付的货币。这种货币通常只是在双边的基础上才具有外汇的意义，因为它是在有关国家之间签订的贸易清算或支付协定的安排下，以双方国家中央银行互立专门账户的形式存在的。一般在年度终了时，双方银行对进出口贸易额及有关从属费用进行账面轧抵，结出差额。

(三) 按照外汇交易的交割期限分类

交割（Settlement or Delivering）是指外汇买卖中货币的实际收付或银行存款账户上金额的实际划转。

即期外汇是指外汇买卖成交后在两个营业日内交割完毕的外汇。

远期外汇是指外汇买卖合约（Contract）签订时，预约在将来一个日期办理交割的外汇。

第二节 汇率概述

一、汇率的含义

汇率（Foreign Exchange Rate）是指一国货币兑换成另一国货币的比率或不同货币之间的比价。由于汇率是经常变动的，外汇市场上进行外汇买卖的折算标准也随之变动，因此汇率又称外汇行市。在我国，人民币兑外币的汇率通常在外汇银行挂牌对外公布，因此汇率又称牌价。由此可知，汇率、汇价、兑换率、外汇行市、牌价指的是同一个意思。

二、汇率的标价方法

汇率的标价方法是指外汇的比价或比率是如何表示出来的。外汇是在国际上自由兑换、自由买卖的资产，也是一种特殊商品，汇率就是这种商品的“特殊价格”。一般商品的标价是以货币表示的，汇率的标价有其特殊性，既可以用本币表示外币的价格，也可以用外币表示本币的价格，取决于一国采用的标价方法。

一般来说，外汇汇率有以下几种标价方法：

（一）直接标价法

直接标价法（Direct Quotation）又称应付标价法，是以一定单位的外国货币（1个单位或100个单位）为标准，折算成一定数额的本国货币，即用1个单位或100个单位的外币值多少单位本币的方式来表示外币价格的高低。例如，2016年8月8日，中国银行人民币外汇汇率报价为USD100=CNY666.15，这就是直接标价法。等式左边的外国货币称基准货币（或单位货币或被报价货币），等式右边的本国货币称计价货币或报价货币。

若一定单位的外币换得本币数额增多，则表明外币升值，本币贬值；反之，若一定单位的外币换得本币数额减少，则表明外币贬值，本币升值。在直接标价法情况下，本币价值与外汇汇率呈反方向变动。

（二）间接标价法

间接标价法（Indirect Quotation）又称应收标价法，是以一定单位的本国货币（1个单位或100个单位）作为标准，折算成一定数额的外国货币，即用1个单位或100个单位的本币值多少单位外币的方式来表示本币价格的高低。例如：某日，纽约外汇市场上，USD1=JPY116.4，这就是间接标价法。

若一定单位的本币换得外币数额增多，则表明本币升值，外币贬值；反之，一定单位的本币换得外币数额减少，则表明本币贬值，外币升值。在间接标价法情况下，本币价值与外汇汇率呈同方向变动。

（三）美元标价法

美元标价法（US Dollar Quotation）是指以 1 个单位的美元为基准，折合为一定数额的其他国家货币来表示汇率的方法。世界各金融中心的国际银行公布的外汇牌价都是美元兑其他主要货币的汇率，其他国家货币之间的汇率则通过各自对美元的汇率套算出来，作为报价的基础。例如，某日，国际外汇市场上，USD1 = CHF1. 128 7，USD1 = CAD1. 040 1 等。在这种标价法中，美元是基准货币，作为计价标准，其他国家的货币是标价货币，作为计算单位。因此，在汇率变化时，美元标价法中美元的数额不变，其他国家货币的数额随汇率的变化而变化。

非美元标价法是指以 1 个单位的非美元货币为基准货币，折合为一定数额的美元来表示汇率的方法。在这种标价法中，非美元货币是基准货币，美元是标价货币，如 EUR1 = USD1. 314 3，AUD1 = USD0. 776 5 等。非美元标价法中，基准货币主要有英镑、欧元、澳元和新西兰元等几种货币。在汇率发生变化中，非美元标价法中非美元货币的数额不变，美元的数额随着汇率的变化而变化。

在统一外汇市场惯例间接标价法下，市场参与者不必区分直接标价法还是间接标价法，都按市场惯例进行报价和交易。货币升值或贬值都会通过各种标价法中标价货币数额的增减直接反映出来。

三、汇率的种类

（一）按国家汇率制度不同分类

固定汇率（Fixed Rate）是指国家通过各种汇率政策和外汇市场的干预手段，使本币汇率在一定的狭小区间内波动的汇率。

浮动汇率（Floating Rate）是指外汇市场供求关系自发决定的汇率。

（二）按银行买卖外汇的价格不同分类

买入汇率（Buying Rate）又称买入价（Bid Rate），是指银行买入外汇时所依据的汇率。

卖出汇率（Selling Rate）又称卖出价（Bid Rate），是指银行卖出外汇时所依据的汇率。

买入价与卖出价的差额，称为买卖差价，一般为 0. 1% ~ 0. 5%，外汇市场越发达，这个差价越小，储备货币的差价比非储备货币的差价小。

在外汇市场上挂牌的外汇牌价一般均列有买入汇率与卖出汇率。

在直接标价法下，外汇的买入价在前，卖出价在后。例如，某日纽约外汇市场报价 1GBP = 1. 305 6–1. 306 6USD，前者 1. 305 6 表示美国某银行买入 1 英镑外汇时给客户的本币数额；后者 1. 306 6 表示美国某银行卖出 1 英镑外汇时向客户收取的本币数额。

在间接标价法下，外汇的卖出价在前，买入价在后。例如，某日伦敦外汇市场报价 1GBP = 1. 305 6–1. 306 6USD，前者 1. 305 6 表示英国某银行卖出 1. 305 6 美元的同时向客户收取 1 英镑；后者 1.306 6 表示英国某银行买入 1.306 6 美元的同时付给客户 1 英镑。

美元标价法和非美元标价法中的买入价和卖出价以基准货币为对象，即报价银行以买入基准货币的价格为买入价，以卖出基准货币的价格为卖出价。当前，在外汇牌价中，无论是美元标价法还是非美元标价法，银行的买入外汇价格总是低于卖出外汇价格的。

知识拓展

报价银行与询价者在汇率报价上的相对关系如下（同一时间下）：

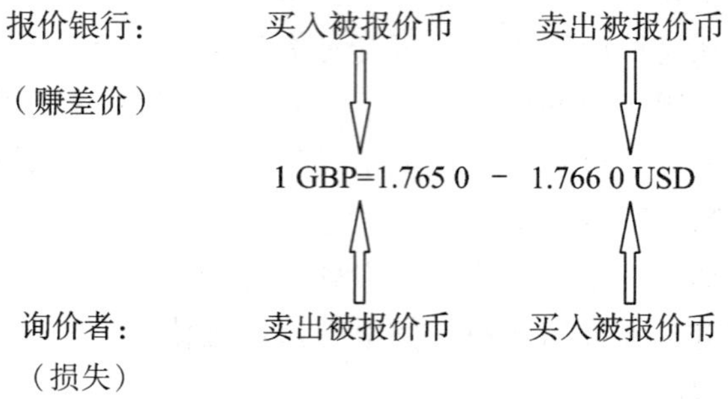

结论：客户在同一时间不可能赚取买卖价差，只能在不同时间赚取买卖汇率差。

中间汇率（Medial Rate or Middle Rate）又称中间价，是买入汇率与卖出汇率的算术平均数，即中间价=(买入价+卖出价)/2。

中国汇率不是在外汇买卖业务中使用的实际成交价，而是为了方便计算或更加简洁。联合国、国际货币基金组织公布的各国汇率表中，均采用中间汇率。西方报刊公布汇率时，也常采用中间汇率。

现钞汇率又称现钞价，是指银行购买外币现钞的价格。前述买入价和卖出价是指银行购买或出卖外币支付凭证的价格。银行在购入外币支付凭证后，通过航邮转账，可很快地存入国外银行，开始生息，调拨动用；而银行买入外国的钞票，要经过一定的时间，积累到一定数额以后，才能将其运送并存入外国银行调拨使用。在此以前买进钞票的银行要承受一定的利息损失；将现钞运送并存入外国银行的过程中还有运费、保险费等支出，银行要将这些损失及费用开支转嫁给出票钞票的顾客，因此银行买入外国钞票的价格低于买入各种形式的支付凭证价格。而银行卖出外国现钞时，则根据一般的支付凭证卖出价，不再单列。

（三）按外汇买卖的交割时间不同分类

即期汇率（Spot Exchange Rate）是指一笔外汇交易成交后，当天或在两个营业日内实行交割所使用的汇率。一般来说，居民和旅游者的外币现钞、旅行支票及其他小额外汇交易，多半是在成交时收付；但银行同业间的外汇买卖，按国际商业惯例，通常是在交易后的次日或两日内收付，如遇到节假日就顺延至下一个营业日。即期汇率是由即期外汇市场上交易的货币的供求状况决定的。

远期汇率（Forward Exchange Rate）是指外汇交易的交割在两个营业日以上的某个约定日期实行的汇率。远期外汇的交割日期常见的为 1 个月至 1 年，汇率的变动受利率的变化和外汇市场供求状况变化的影响。

若远期汇率 > 即期汇率，为升水（Premium）；若远期汇率 < 即期汇率，为贴水（Discount）；若远期汇率 = 即期汇率，为平价（Parity）。

（四）按确定汇率的不同方式分类

基本汇率（Basic Rate）是指一国制定的本国货币与基础货币（关键货币）之间的汇率。所谓关键货币，是指该国在国际经济交往和国际储备中使用最多、所占比重最大的自由兑换货币。

套算汇率（Cross Rate）是指通过基本汇率套算出来的汇率，即在基本汇率基础上套算出本币与非关键货币之间的比率。

[例 3-1] 国际外汇市场某银行报出美元兑日元，美元兑瑞士法郎的汇率如下：

1USD = 120.00/10 JPY

1USD = 1.608 0/90 CHF

1CHF = 120.00/1.609 0-120.10/1.608 0JPY

= 74.58-74.69JPY

结论：基准货币相同，报价货币不同，求报价货币之间的比价使用交叉相除。

[例 3-2] 某银行报出欧元兑美元，英镑兑美元的汇率如下：

1EUR = 1.101 0/20 USD

1GBP = 1.601 0/20 USD

1EUR = 1.101 0/1.602 0-1.102 0/1.601 0GBP

= 0.687 3-0.688 3GBP

结论：基准货币不同，报价货币相同，求基准货币之间的比价使用交叉相除。

[例 3-3] 某日外汇市场行情如下：

1USD = 120.10/20 JPY

1EUR = 1.100 5/15 USD

1EUR = 120.10×1.100 5-120.20×1.101 5 JPY

= 132.17-132.40 JPY

结论：基准货币不同，报价货币也不同，求某一基准货币与另一报价货币的比价使用同边相乘。

（五）按兑换方式不同分类

电汇汇率（Telegraphic Transfer Rate, T/T Rate）是指经营外汇业务的银行用电报方式通知国外付款所使用的外汇汇率。采用电汇方式，银行在国内收进汇率与在国外付出外汇的时间间隔只有 1~2 日，银行不能利用汇款资金，并且需付电报费用，因此电汇汇率最高。现在国际上大额汇款大部分采用电汇，因而电汇汇率成为基础汇率，其他汇率的制定均以此为基础。一般外汇市场上公布的汇率，多为银行的电汇汇率买卖价。西方国家的重要报纸每天都报道外汇市场上银行间的电汇汇率。

信汇汇率（Mail Transfer Rate，M/T Rate）是指经营外汇业务的银行用信函方式通知国外付款所使用的外汇汇率。采用信汇方式，银行在收到顾客交来汇款后，必须经过两国邮程所需的时间，才在国外付出外汇。在此期间，银行可以利用顾客的汇款资金，故需在信汇汇率中扣除邮程期间的利息。因此，信汇汇率比电汇汇率低，在外汇业务中，信汇量较少。

票汇汇率（Demand Draft Rate，T/T Rate）是指银行买卖外汇汇票、支票和其他票据时所采用的汇率。票汇汇率又可分为两种：一种是即期票汇汇率（Sight Bill Exchange Rate），即银行买卖外汇即期汇率时所使用的汇率；另一种是长期（或远期）票汇汇率（Long Bill Exchange Rate），即银行买卖外汇远期汇率时所使用的汇率。由于卖出汇票同支付外汇间隔一段时间，因此票汇汇率也需在电汇汇率的基础上对利息因素做些调整。

（六）按外汇买卖的营业时间分类

开盘汇率（Opening Rate）是指经营外汇业务的银行在营业日刚开始时买卖外汇使用的汇率，也称开盘价。

收盘汇率（Closing Rate）是指外汇银行在一个营业日的外汇交易终了时所使用的汇率，也称收盘价。

（七）按外汇资金性质和用途不同分类

贸易汇率（Trade Rate）又称商业汇率（Commercial Rate），即主要用于进出口贸易及其从属费用方面支付结算的汇率。贸易汇率一般是为一国“奖出限入”的贸易政策服务，以改善该国的国际收支为目的。

金融汇率（Financial Rate）主要是指用于资本往来、旅游等非贸易方面支付结算的汇率。与贸易汇率相比，金融汇率一般定得较高，以起到限制资金流出、鼓励外资流入的作用。

（八）按外汇管制的松紧不同分类

官方汇率（Official Rate）又称官价或法定汇率，是指一国货币当局规定并予以公布的汇率。一切外汇收入均必须按官方汇率结售给外汇银行，必须向国家或其指定的银行申请批给，该汇率比较稳定。

市场汇率（Market Rate）是指外汇市场上进行买卖的实际汇率，随市场的外汇供求关系而自由变动。该汇率受到外汇的实际供求状况，能较客观地反映本国货币的对外价值。

（九）按外汇汇率的经济分析作用不同分类

实际汇率是相对于名义汇率而言的，是名义汇率在考虑了两国通货膨胀影响因素后的汇率，也是基于货币实际购买力研究的汇率。

有效汇率是指加权平均汇率，是反映一国货币整体对外价值的汇率。

四、决定汇率的基础

各国货币之间有可比性，是因为它们都具有或代表一定的价值。从本质上说，货币具有或代表的价值是决定汇率的基础。在不同的货币制度下，货币所具有的价值测定方法不同，因此决定汇率的基础也有所不同。

（一）金本位制度下

金本位制经历了金铸币本位制、金块本位制、金汇兑本位制三种形式。其主要特点如下：

第一，各国货币均以黄金铸成，有法定的含金量。

第二，金币可自由流通、自由铸造、自由输出入。

第三，金币具有无限法偿能力。

第四，辅币和银行债券可以按照其票面价值自由兑换成金币。

在这种制度下，国际汇兑和国际结算领域中都可以按各自的含金量多少加以对比，从而确定货币比价。因此，金币本位制下汇率决定的基础是两种货币含金量之比，即铸币平价（Mini Par）。

例如，1 个英镑金币的重量为 123. 274 47 格令（1 格令约等于 0. 065 克，下同），成色 11/12，即含 113. 001 6（123. 274 47×11/12）格令纯金；1 个美元金币的重量为 25. 8 格令，成色 9/10，即含 23. 22（25. 8×9/10）格令纯金，于是英镑与美元之间的汇率是 113. 001 6/23. 22=4. 866 6，即 1 英镑等于 4. 866 6 美元。

外汇市场上汇率水平的变动最直接的影响因素是外汇市场的供求关系。但供求关系导致的汇率变动并不是无限制的，而是被界定在铸币平价上下各一定界限内，这个界限就是黄金输送点。汇率以铸币平价为中心，在外汇供求关系的作用下上下浮动，以黄金输送点为最大波幅。

黄金输送点（Gold Transport Points）是指汇率波动引起的黄金从一国输出或输入的界限。汇率的上涨或下跌超过一定界限时，将引起黄金的输出或输入，从而起到自动调节汇率的作用。

黄金输送点的计算公式如下：

黄金输入点=铸币平价-黄金运费

黄金输出点=铸币平价+黄金运费

例如，第一次世界大战之前，在英国和美国之间运送黄金的各项费用和利息为所运送黄金价值的 0. 5%~0. 7%，按平均数计算，运输黄金费用大概 1 英镑为 0. 03 美元，那么黄金输入点就是 4. 866 6 美元-0. 03 美元，黄金输出点就是 4. 866 6 美元+0. 03 美元。

（二）纸币制度下

在纸币制度下，货币代表的实际价值与一国通货膨胀的程度密切相关。一国通货膨胀程度越高，其货币的实际价值就越低；一国通货膨胀程度越低，其货币的实际价值就越高。

用通货膨胀程度衡量的货币实际价值是货币的对内价值。货币的对内价值具体表现为货币在国内购买力的高低。因此，货币购买力对比就成为纸币制度下汇率决定的基础。纸币制度下的汇率已失去了稳定的基础，外汇市场的汇率波动是无休止的，任何能够引起外汇供求关系变化的因素都会造成外汇行情的波动。

五、影响汇率变动的主要因素

（一）国际收支状况

国际收支状况是引起汇率变动的最直接原因。当一国国际收支出现较大顺差时，该国外汇收入大于支出，即外汇供给大于需求，外汇汇率下跌，本币汇率上升；反之，当国际收支出现逆差时，外汇汇率上升，本币汇率下跌。1973 年全球普遍实行浮动汇率制度后，汇率变动主要受国际收支状况引起的外汇供求关系影响。从较长的时间来看，国际收支状况是决定汇率基本趋势的主导因素。

（二）通货膨胀

通货膨胀是影响汇率变动的重要因素。从理论上讲，一国发生通货膨胀，纸币实际代表的价值量减少，在其他国家的货币实际代表的价值不变的条件下，要兑换同等价值的外国货币，会付出更多的本币，即外汇汇率上涨。当一国利率降低时，则会导致该国资本外流，对外汇的需求增加，对本币的需求减少，进而导致外汇汇率上升和本币汇率下降。

（三）利率水平

各国利率水平的变化会引起短期资本的国际流动。一般而言，利率总是从利率低的国家流向利率高的国家。当一国利率提高时，一方面可以吸引外资流入，使该国的外汇供给增加；另一方面又会引起对该国货币的需求增加。两方面共同作用的结果，使得外汇汇率下降，本币汇率上升。反之，当一国利率降低时，则外汇汇率上升，本币汇率下降。

（四）心理预期

心理预期是指人们对某种货币升值或贬值的预期。若人们预期某种货币不久会贬值，就会大量抛售这种货币，使其汇率下降。反之，若人们预期某种货币不久要升值，就会大量抢购这种货币，使其汇率上升。

（五）重大的国际政治、经济或军事性突发事件

例如，1988 年 12 月，戈尔巴乔夫宣布华约要裁军 50 万人，美元汇率上升了 400 个百分点。

六、汇率变化的经济影响

（一）对一国国际收支的影响

如果一国货币汇率下浮（即本币贱、外币贵），则有利于出口，不利于进口。其原

因是本币汇率下浮降低了用外币表示的本国出口商品的价格，增强了出口商品的国际竞争力，有利于刺激出口；而相应提高了以本币表示的外国进口商品的价格，减弱了进口商品的国内市场的竞争力，因而不利于进口。从出口供给的角度看，出口后换回的本币数额比以前增多。

（二）对国内经济的影响

1. 对国内物价的影响

汇率变动对国内经济的最直接影响主要表现为物价的上涨或下跌。从出口角度看，本币贬值将有利于扩大出口，增加外汇收入，这使得本国货币供给增加，促进物价上涨。同时，对国内出口商品的需求增加，国内生产力在短期内还来不及调整，这会加剧国内供需矛盾，从而造成物价上涨，容易引发通货膨胀。

2. 对国内利率的影响

一国货币贬值，人们往往会形成该国货币将进一步贬值的预期，从而引起短期资本外逃，国内资本供给减少，利率上升。但是，当货币贬值达到一定程度时，则会激发起人们对汇率反弹的预期，可能导致短期资本流入，国内资本供给增加，利率下降。

3. 对国民收入和就业的影响

一国货币贬值，将有利于出口而不利于进口，如果国内存在闲置的生产要素，则会刺激国内出口产品生产规模的扩大，进而带动国内其他行业生产的发展，推动就业水平的提高，增加国民收入。同时，本币贬值减少了进口，导致对进口产品的需求转向国内的同类产品，使生产进口替代品的部门和企业的收益增加，从而引起资源在国内各部门的重新配置，而上述的一系列变化会使该国的国民收入总额增加。如果一国的货币升值，则情况正好相反。

（三）对国际资本流动的影响

由于长期资本追求长期利益，货币贬值对其影响较小；短期资本追求短期利益，若预测货币继续贬值，则导致资本外流，若预测货币贬值已到最低点，则有反弹趋势，导致资本流入。

（四）对国际经济关系的影响

汇率变动加深各国争夺销售市场的竞争，促进储备货币多元化的形成，加剧国际金融市场的动荡和投机，促进国际金融业务不断创新。

第三节 汇率制度概述

汇率制度（Exchange Rate Regime）又称汇率安排，是指一国货币当局对本国汇率变动的基本方式做的一系列安排或规定。根据汇率调整的频率、幅度以及方式等不同，汇率制度可分为固定汇率制度和浮动汇率制度。

一、固定汇率制度

固定汇率制度（Fixed Exchange System）是指两国货币的比价基本固定或只能在规定的幅度内波动。当汇率波动超过上下限时，货币当局有义务进行干预。历史上出现过金本位制度下的固定汇率制度与布雷顿森林体系下的固定汇率制度两种形式。

（一）金本位制下的固定汇率制度

在金本位制下，铸币平价是决定汇率的基础，汇率波动要受到黄金输送点的自动调节，并且以黄金输送点为界限。因此，汇率的变化幅度很小，仅在铸币平价上下各0.6%左右的范围内波动，其稳定是靠自动而非依赖人为的措施来维持的。

在1929—1933年的世界资本主义经济危机冲击下，金本位制彻底崩溃，以金本位制为基础的固定汇率制度也随之消亡，资本主义国家开始普遍实行纸币流动制度。

（二）布雷顿森林体系下的固定汇率制度

金本位制崩溃后，各国都发行了纸币。二战后的布雷顿森林体系实行“双挂钩、一固定、上下限、政府干预”的固定汇率制度。

此体系实行“双挂钩”制度，即美元与黄金挂钩，其他国家货币与美元挂钩。国际货币基金组织要求其会员国规定本国货币的含金量，通过含金量的比率（金平价）来确定与美元的汇率，即各国货币盯住美元并与之建立固定的比价关系。同时，国际货币基金组织又规定两国货币汇率的波动界限为金平价的上下各1%。

可见，在布雷顿森林体系下，汇率的波动界限已大大超过了金本位制下的黄金输送点，其调节不具备自动稳定机制，需要人为的政策来维持。因此，这种汇率制度下的汇率只是相对固定，又被称为可调整的盯住汇率制度。

固定汇率制度促进了国内物价水平和通货膨胀预期的稳定，同时汇率的稳定也为国际贸易与国际投资提供了较为有利的环境，从一定程度上减少了汇率变动的风险，便于进出口商、国际信贷和国际投资的经济主体进行成本和利润的核算，从而推动了对外贸易的发展，促进了世界经济的共同繁荣。

但是，固定汇率制度也存在一些缺陷。在外汇市场动荡时期，固定汇率制也易于受到国际游资的冲击，引起国际外汇制度的动荡与混乱。

二、浮动汇率制度

浮动汇率制度（Floating Exchange Rate System）是指汇率由市场的外汇供求情况决定，并任其自由涨落的汇率制度。根据不同标准，浮动汇率制度可以划分为不同的类型。

（一）根据政府是否对市场汇率进行干预分类

自由浮动又称清洁浮动，是指政府对外汇市场不进行任何干涉，完全听任外汇市场供求力量的对比自发地决定本币对外币的汇率的制度。

管理浮动又称肮脏浮动，是指政府对外汇市场进行公开或不公开的干预，以影响外汇的供求关系，使外汇市场和汇率向有利于自己的方向变动的制度。

（二）根据汇率浮动方式分类

单独浮动汇率制度是指一国货币不与其他国家货币发生固定联系，其汇率根据外汇市场的供求变化而自动调整的制度。英镑、美元、日元等货币均属单独浮动汇率制度。

联合浮动汇率制度又称共同浮动汇率制度，是指国家集团在成员国之间采用固定汇率，同时对非成员国货币采取共同浮动的制度。欧盟便实行这一制度。

盯住汇率制度是指一国货币与某种外币保持固定比价关系，随该外币的浮动而浮动的制度。在西方发达国家采取浮动汇率制度的同时，大部分发展中国家都实行盯住汇率制度。例如，巴哈马和东南亚国家货币盯住美元，缅甸、以色列、沙特阿拉伯和阿联酋货币盯住特别提款权，我国目前采取的是盯住一篮子货币的汇率制度。

联系汇率制度是一种特殊的盯住汇率制度，最具有典型意义的是港币联系汇率制度。1983 年 10 月 17 日，香港开始以 1 美元兑换 7.8 港币的比价实行联系汇率制度。该联系汇率制度规定的 1 美元兑换 7.8 港币的固定汇率只适用于货币发行银行与外汇基金管理局以及商业银行等与发行银行之间的发钞准备规定。在中国香港外汇市场上的美元与港币的交易并不受此约束，汇率变动由市场供求力量决定。

浮动汇率制度通过汇率标杆的作用，达到国际收支平衡；避免外汇储备的大量流失；有利于保证一国货币政策的独立性；在一定程度上可以防止国际游资的冲击；避免了国际性通货膨胀的传播。

但是，浮动汇率的频繁波动不利于国际贸易和国际投资；汇率波动助长了投机，加剧了动荡；浮动汇率易导致通货膨胀倾向；浮动汇率为竞争性货币贬值提供了借口；在浮动汇率制度下，国际协调更为困难，对发展中国家不利。

三、其他汇率制度

（一）爬行盯住汇率制度

爬行盯住汇率制度（Crawling Peg System）是指政府当局经常按一定时间间隔以事先宣布的百分比对汇率平价进行小幅度的调整，直至达到均衡的制度。发展中国家常常采用此汇率制度。

（二）货币委员会制度

货币委员会（Currency Board）制度是指在法律中明确规定本国货币与某一外国可兑换货币保持固定的交换率，并且对本国货币的发行进行特殊限制以保证履行这一法定义务的汇率制度。

（三）货币联盟制度

货币联盟制度是指在联盟内无汇率的问题，但对外仍有汇率的问题的制度。这种制度的优点在于减少交易成本，促进联盟内的资本流动。这种制度的缺点是在受到冲击或周期变化时，限制了采取有利的利率和汇率政策。因此，只有当放弃独立的利率和汇率的代价不高时，货币联盟制度才是有利的。

4. 美元化制度（Dollarization）

美元化既指一国完全放弃本国货币而选用一种稳定的外国货币，又指一国在经济活动中同时使用美元和本国货币。前者是完全的美元化，后者是部分的美元化。美元化制度是一个极端的、比货币联盟制度还要严格的制度。在这种制度下，美元化国家完全放弃了自己的货币，而且它们不是和亲密的贸易伙伴共同使用一种货币，而是直接使用美元或其他国家货币。这种制度的缺点是不仅丧失了独立的利率和汇率政策，而且也失去了铸币税的收益。该制度一般都是在公民对中央银行完全失去信心，也不期望中央银行将来会变好的情况下才实行的。

四、影响汇率制度选择的因素

1978 年，国际货币基金组织协定的第二次修正案承认各成员国有权自由选择本国的汇率制度。但是汇率制度的选择是一个非常复杂的问题，是一国政府的政策行为。它建立在一国所具有的特殊的经济特征的基础之上。在不同的时期，由于政府追求的政策目的不同，政府选择的汇率制度也不同。在世界经济一体化的趋势下，一国汇率制度的选择还受其对外经济贸易关系的影响，受国际经济和金融大环境的制约。

（一）一国经济的结构性特征是汇率制度选择的基础

小国比较适宜实行固定汇率制度，因为小国一般与少数几个国家的贸易依存度较高，汇率的浮动会给该国的对外贸易带来不利影响。相反，大国由于对外贸易的产品构成多样化及贸易的地区分布多元化，很难选择一种货币作为参照货币实行固定汇率，一般较适宜实行浮动汇率制度。

（二）特定的政策意图是汇率制度选择的政策目的

在一国政府面临较高的国内通货膨胀率时，政府的政策意图是控制国内的通货膨胀情况，固定汇率制度就较为适宜。若一国政府的政策意图是为防止国外输入型通货膨胀，则应该选择浮动汇率制度。在浮动汇率制度下，一国货币政策的自主性较强。

（三）一国与其他国家的经济合作情况对汇率制度的选择有着重要的影响

当两国之间存在非常密切的经济贸易往来时，两国货币保持固定比价有利于各自的经济发展。区域经济合作关系比价密切的国家之间，也适宜实行固定汇率制度，如欧洲货币体系的汇率机制。

（四）国际经济和环境制约着一国的汇率制度的选择

若一国的经济开放程度较高（即一国进出口额占国内生产总值比重大）、经济规模小、进出口集中于某些产品或某几个国家，一般倾向于采取固定汇率制度或盯住汇率制度。相反，若一国的经济开放程度低、经济规模大、进出口分散且多样化、国内金融市场发达、与国际金融市场一体化程度高、资本流动性好，或者国内通货膨胀率与其他主要国家不同，一般倾向于采用浮动汇率制度。

第四节　外汇风险及其管理

一、外汇风险

（一）外汇风险的概念

外汇风险又称汇率风险，即在国际经济交易中，由于汇率的变动而给外币债权人或债务持有人造成损失或收益的可能性（不确定性）。

外汇风险主要包括以下由汇率变动而引起的损失：

第一，外汇债权人以外币计值的资产或应收账款价值的减少。

第二，外汇债务人以外币计值的负债或应付账款价值的增加。

第三，账面上的资产损失（如资产负债表、损益表等）。

第四，预期收益的减少。

第五，经营决策中的不确定性增强。

外汇风险的形成，涉及头寸敞口的问题。所谓外汇头寸，是指外币资产或负债的存量。其有以下三种表现形态：

第一，头寸轧平，即外汇资产=外汇负债。

第二，多头，即外汇资产>外汇负债，又称超买。

第三，空头，即外汇资产<外汇负债，又称超卖。

敞口头寸是指外汇资产与负债的差额，即暴露于外汇风险之中的那部分资产或者负债。在外汇轧平情况下，并不存在外汇风险，因为汇率变动对资产的影响因为其对负债的反向影响而抵消。有在多头和空头的情况下，才存在着敞口头寸，并且只有敞口头寸那部分资产或负债面临着外汇风险。

（二）外汇风险的类型

1. 交易风险

交易风险是指交易行为产生敞口头寸而形成的外汇风险。它是最主要的外汇风险，表现在以下方面：

（1）进出口贸易结算风险

在国际贸易中，由于汇率变动而引起的应收或应付账款价值变动的风险就是贸易结算风险。例如，我国某企业 6 个月后要收入一笔货款 50 万美元，并且同时要支付一笔 6 500 万日元的进口设备货款。该企业打算以该笔外汇收入支付进口货款，当时汇率为 1USD＝130JPY。6 个月后，汇率变为 1USD＝120JPY。可见，由于美元的贬值，该企业损失了 4. 17(6 500/120－6 500/130）万美元。

（2）外汇买卖风险

在外汇买卖中，从交易日到交割日的汇率变动对外汇敞口头寸带来的风险就是外汇买卖风险。例如，某外汇银行在当天以 1EUR＝1. 15USD 的汇率卖出美元买入 100 万欧元。若第二天市场汇率变为 1EUR = 1. 14USD，则由于外汇买卖风险，该银行将损失 1 万美元。

（3）国际信贷风险

国际信贷风险是指在国际信贷业务中，由于汇率的变动使债权人少收本币（或其他货币），债务人多付本币（或其他货币）。例如，我国某企业 1993 年年初借入 100 万美元一年期的国际商业贷款，当时市场调剂汇率为 1USD = 7. 10CNY，1994 年我国实行汇率并轨，该企业还款时的市场汇率为 1USD = 8. 50CNY，则由于国际信贷汇率风险，该企业在一年内损失了 140 万元人民币。

2. 会计风险

会计风险又称折算风险或评价风险，是指在会计期末根据会计准则将各种外币资产与负债转换成记账货币时，因汇率波动而出现账面损失或收益的可能性。

企业在一国注册，根据主权原则，会计报表应该使用注册国货币作为记账货币，这就要求该企业发生的外币支出、外币资产和负债要根据一定的会计准则，转变为本国货币来表示，这一过程称为折算。

例如，美国某公司在法国的子公司拥有资产 1 000 000 欧元，年初上报会计报表时，1USD = 1. 340 0EUR，此时在该公司财务报表上这笔欧元贬值。当 1USD = 1. 36EUR 时，这时原来的 1 000 000 欧元的资产在财务报表上只能值 735 294. 12 美元，这笔资产账面价值损失了 10 974. 54 美元。显然，即使企业的外币资产和负债的数额没有发生任何变化，但是只要汇率发生波动，企业的会计账目中相对应的本币数量必然会有所增加或减少，几乎从事涉外活动的企业都无法回避这种会计账面风险。与交易风险、经济风险不同，会计风险是一种存量风险。会计风险虽然不涉及现金移动或财富转移，但会影响到企业效益评估、企业管理和税收缴纳等方方面面。因此，涉外企业特别是跨国公司，应该对会计风险给予高度的重视。

3. 经济风险

经济风险是指由于意料之外的汇率变动导致国际企业在未来一定时间内收益蒙受损失的潜在性风险。经济风险的大小取决于汇率变化对该企业产品的未来销售量、价格以及成本的影响程度。潜在经济风险直接关系到国际企业在海外的经营效果或者一家银行在国外的投资收益。经济风险与交易风险不同的是，交易风险侧重于每笔单独的交易因汇率变动的影响而带来的损失；而经济风险侧重于企业的全局，是从企业的整体出发来预测未来一段时间内因汇率变动而发生的损益变化状况。经济风险的分析很大程度上取决于公司的预测能力，预测的准确度将直接影响该公司在销售、生产与融资方面的战略决策。

例如，当一国货币贬值时，出口商可能因为出口商品的外币价格下降而刺激出口，使其由于出口额（对外销售额）的增加而受益。但如果出口商在生产过程中使用的主要原材料是进口商品，由于本国货币贬值会提高以本币表示的进口商品价格，则出口商品的生产成本又会增加。其结果有可能使出口商在未来的纯收益下降，这种使未来纯收益受损的潜在风险便属于经济风险。

4. 储备风险

在外汇储备持有期间，若储备货币汇率变动引起外汇储备价值发生损失就称为储备风险。在一般情况下，外汇储备中货币品种应适当分散，保持多元化，根据汇率变动和支付需要，随时调整结构，使储备风险减小到最低限度。

（三）不同类型外汇风险的比较

1. 从产生的时间来看

交易风险和会计风险的损益结果只突出企业在过去已经发生的交易在某一时点的外汇风险的受险程度。

经济风险衡量了将来某一时间段内出现的外汇风险，如在短期（1 年以内）、中期（1~5 年）以及长期（5 年以上）的不同时间段内，汇率变化对各期的现金流量、经济风险的受险程度以及企业资产价值的变动将产生不同程度的影响，即经济风险会随时间段的不同而有所不同。

2. 从损益结果的衡量上来看

交易风险和会计风险均可根据会计程序进行衡量，可以用一个确定的具体数字来表示，具有客观性和静态性特点。

经济风险的衡量不是根据会计程序，而是基于经济分析，涉及企业财务、生产、市场、价格等各个方面，因此带有一定的主观性和动态性的特点。

3. 从企业不同管理层次的角度来看

交易风险既可以从单笔独立的交易的角度来衡量，也可以从子公司经营的角度来衡量其风险的损益结果。

会计风险一般只能从母公司的角度来衡量其受损的程度。

经济风险从国际企业的全局或某一子公司全局来考察其风险的损益结果。

4. 从企业损益的真实性来看

交易风险关系到现金的流动，会造成真实的损益，即汇率变动给交易风险的承担者造成了实实在在的损益。

会计风险主要影响国际企业的资产负债表、损益表等财务报表，与现金流动无关，由此造成的损益是不真实的，而只是一种账面损益。

（四）外汇风险的构成因素

只涉及本币或外币的经济交易，不会存在外汇风险。例如，两个国内企业之间的经济交易或两个外国企业之间的经济交易就不会形成外汇风险。同样，如果一笔业务排除了时间因素，如企业进行交易时按现行汇率进行交割，也不会面临外汇风险。

一笔应收外币账款或应付外币账款的时间结构对外汇风险的大小具有直接的影响。时间越长，不可预知的因素越多，则在此期间内汇率波动的可能性就越大，外汇风险相对较大；时间越短，影响因素越少，则在此期间内汇率波动的可能性就越大，外汇风险也相对较小。

从时间结构越长、外汇风险越大这个角度来分析的话，外汇风险包括时间风险和价值风险两大部分。改变时间结构，如缩短一笔外币债权债务的收取或偿付时间，可以减缓外汇风险，但并不能消除价值风险，因为本币与外币折算所存在的汇率变化风险依然存在。

二、外汇风险管理

外汇风险管理是指涉外经济主体为避免汇率变化可能造成的损失，对外汇市场可能出现的变化所采取的相应对策。具体来说，外汇风险管理是通过对外汇风险的特点、形成原因等进行分析，选择转嫁风险的解决办法，力求以最小的成本最大限度地防范风险。

外汇风险的管理方法主要分事前管理和事后管理。事前管理称为外汇风险的防范，主要是通过改善企业内部经营来实现；事后管理称为外汇风险的转嫁，主要是利用外汇市场金融资产的交易来实现。

（一）外汇风险管理战略

外汇风险管理战略是指从事国际贸易的国际企业对外汇风险所持的一般态度。根据企业对外汇风险采取的不同态度，外汇风险战略管理主要有以下几种选择：

1. 完全不弥补战略

这是指对外汇风险不采取任何防范措施，是一种听其自然的消极性战略。

2. 完全弥补战略

这是一种安全第一，对外汇暴露一律采取保值措施的战略，即企业对其所持有的外汇头寸中，不论哪种外币出现了多头或空头一概予以抛补。

3. 混合型战略

这是介于完全不弥补战略和完全弥补战略之间的一种战略，即对某些外汇暴露采取保值措施，而对另一些外汇暴露则不采取保值措施。其具体分为：

（1）进攻性战略。采取这种战略的企业在面对高收益和低风险的替代选择中，较多地选择了高收益，对外汇风险持积极态度，不仅希望通过采取某些防范措施以部分弥补风险损失，而且更希望利用汇率的有利波动来获取利益。

（2）防守性战略。采取这种战略的企业以稳健为原则，尽量减少可能发生的外汇损失，因此在高收益和低风险的替代选择中，企业更多地选择了低风险。

（二）企业减缓或消除外汇风险的方法

企业可以采取以下方法减缓或消除外汇风险：

1. 合同条款选择法

合同条款选择法是指企业在签订合同时通过合同特殊条款的选择来防范和规避外汇风险的方法。

（1）货币选择法。货币选择法是通过对计价货币的选择来减缓和防范外汇风险的一种风险管理方法。其表现为以下三种方法：

①本币计价法。本币计价法是指在国际业务中应尽力争取使用本币计价结算以避开货币兑换所带来的外汇风险，但其前提为本币是可自由兑换货币，对方能够接受而不至于使企业丧失贸易机会。

②“软进口、硬出口”法。“软进口、硬出口”法是指在出口贸易中采用硬货币或具有上浮趋势的货币作为计价货币；在进口贸易中采用软货币或具有下浮趋势的货币作为计价货币，以使汇率的变动有利于增加出口的收汇金额，减少进口的支付金额，从而防范和规避外汇风险。但这种方法需要对汇率走势有比较准确的预测，否则效果会适得其反。

③多种货币计价法。多种货币计价法是在合同中规定以多种货币来计价，以使某种货币汇率上升的影响在一定程度上被其他货币下降的影响所抵消，从而减少外汇风险。在进出口贸易洽谈中，进口商希望以软货币计价，而出口商希望以硬货币计价，为了使买卖双方平等互利，可采取一半的进出口用硬货币，一半的进出口用软货币。有些金额较大的进出口合同，可以采用四种货币计价，两种较硬的货币，两种较软的货币，使不同货币的急升急降风险得以对冲。

计价货币的选择直接关系到交易主体是否会承担汇价风险。计价货币一般在本币、交易对方国货币和第三国货币之间进行选择，选择可自由兑换货币，有利于双方日后结算和转移外汇风险。

但是上述前两种方法在实际运用中往往受到一些因素的制约。例如，本币若是不可自由兑换的货币，往往难以被对方接受，而且根据国家惯例，黄金、石油等大宗交易均是以美元计价，本币计价难以实现。又如，软货币和硬货币的选择往往要受到交易意图、市场需求、商品质量、价格条件等因素的制约，可能出现收汇时不得不使用软货币而付汇时不得不使用硬货币的情形。因此，经营者可以通过价格调整即定价的方法来加以弥补。

（2）定价保值法。定价保值法是指通过提高或压低商品价格来避险保值的一种方法。其表现为以下两种方法：

①加价保值法。加价保值法是指在出口贸易中，出口商接受软货币计价时，可设法提高出口商品的价格，以弥补因使用软货币计价可能遭受的损失。当然，如果是买方市场的话，则货价不易提高。

②压价保值法。压价保值法是指在进口贸易中，进口商接受硬货币计价时，可设法压低进口商品的价格，以弥补因使用硬货币计价可能遭受的损失。同样，如果是卖方市场的话，则货价不易降低。

价格调整并不等于没有风险，实际上外汇风险依然存在，只不过调整价格可以减缓风险而已。

（3）货币保值法。货币保值法是指在合同中约定使用对方可以接受的货币来计价，但同时用于某种比较稳定的价值单位进行外汇保值的一种风险管理方法。其表现为以下三种方法：

①黄金保值法。黄金保值法是在签订合同时订立黄金保值条款，将交易日的计价货币转换成一定数量的黄金，在交割日再将特定数量的黄金按当时的金价转换成一定数量的计价货币。由于黄金的价格相对较稳定，黄金保值法可在一定程度上防范汇率波动的风险。

②外汇保值法。外汇保值法是指以硬货币对合同金额进行保值，以软货币支付货

款从而减缓外汇风险。

③综合货币单位保值法。综合货币单位保值法与外汇保值法的形式、性质相同，但不是以硬货币来保值，而是选择特别提款权（SDRs）、欧洲货币单位（ECU）或其他综合货币单位对合同金额进行保值以减缓外汇风险。由于这些综合货币单位是由一定比重的硬货币与软货币搭配组成的，故其价值较为稳定，可以起到保值的作用。

2. 提前与推后收付法

提前与推后收付法是根据对汇率的预测，提前或推迟收付外币，以避免外汇风险或获取风险收益。

提前与推后收付法具有外汇投机的性质，因为其涉及在预期的基础上采取行动，以期获得风险收益。

对于外币应收账款而言，若预测外币的汇率趋于上升时，出口商或债权人应推迟收款，以期使既定的外币应收账款在汇率上升后能兑换回更多的本币；若预测外币的汇率趋于下跌时，出口商或债权人应提前收款，以避免外币应收账款在汇率下跌后能兑换回的本币减少的风险。

对于外币应付账款而言，若预测外币的汇率趋于上升时，进口商或债务人应提前付款，以避免在外币升值后付款时要支付更多本币的风险；若预测本币的汇率趋于下跌时，进口商或债务人应推迟付款，以期在外币贬值后可以用较少的本币换取外币用于支付。

3. 配平管理法

配平管理法是一种使外汇流入与流出在金额、币种以及时间上相互平衡的管理机制，即当存在一笔外汇暴露时，以同种外币或与该种外币有固定联系的货币，并以相同的期限和等值的数额，创造一笔流向完全相反的资金流量的方法。配平管理法包括自然配平和平行配平两种。

（1）自然配平。自然配平又称平衡法，是指在同一时期内，以同种货币创造一个金额相同、期限相同的资金反方向流动。

（2）平行配平。平行配平又称组对法，是指当某公司具有某种货币的外汇风险时，可以创造一个与该种货币有固定联系的另一种货币的反方向流动来消除该种货币的外汇风险。

4. 外汇交易法

外汇交易法是指企业通过续做一笔反向的外汇交易，以规避或对冲日常经营活动中存在的头寸敞口汇率风险。此方法是企业规避和防范汇率风险最为常用、最为重要的方法。

5. BSI 法与 LSI 法

BSI（Borrow-Spot-Invest）法是指企业通过借款、即期外汇交易和投资的程序，来消除或规避外汇风险的一种风险管理办法。

LSI（Lead-Spot-Invest）法是指企业通过提前收汇、即期外汇交易和投资的程序，消除或规避外汇风险的一种风险管理办法。

6. 债务净额支付法

债务净额支付法是指国际公司在清偿其内部交易产生的债权债务关系时，对各子公司之间、子公司与母公司之间的应收款项和应付款项进行划转与冲销，只是定期对净额部分进行结算，以此来减少风险性的现金流动。

7. 外汇风险保险法

外汇风险保险法是指国际交易者可以利用外汇风险保险服务来规避外汇风险。例如，荷兰的信贷保险有限公司、英国的出口信贷保证部、中国的出口信用保险公司、美国的进出口银行等均提供外汇风险保险服务。

(三) 经济风险的管理

由于汇率的变化影响着公司经营的所有方面，因此经济风险的管理不仅涉及财务领域，还涉及市场、生产的各个环节，经济风险的管理措施包括调整性战略和分散化战略。

1. 调整性战略

调整性战略是指跨国公司根据对汇率走势、市场走势的判断，在经营的各个方面进行调整，以适应变化的趋势，从而提高在全球的竞争地位。一般情况下，这种调整是以全球分散化为基础和条件的，战略性调整涉及公司经营的各个方面，包括原材料供应、生产、产品、定价、市场等方面。

(1) 生产策略。该策略更多地涉及生产转移和原材料供应转移，跨国公司可以综合分析成本、价格等因素，在各个子公司之间分配产量。在原材料供应方面，在全球市场寻求廉价资源同样也可以使公司利用汇率的变化管理经济风险。

(2) 产品策略。跨国公司经常通过改变产品策略来应对其面临的汇率风险。产品策略包括生产额度决定、新产品的介绍和产品创新。在本币贬值后的一段时间，由于产品具有竞争性价格优势，这段时间就成为发展品牌专利的黄金时间。

(3) 定价策略。定价策略首先需要确定跨国公司的目标是市场份额还是利润率。例如，当美元贬值时，从美国出口的产品在世界市场上具有竞争性的价格优势。美国的出口商面临着两种选择，既可以提高以美元表示的产品价格而使其在国际市场上的价格保持不变，从而提高利润率，也可以保持其美元价格不变，而使产品在世界市场上的价格下降，从而扩大产品的市场份额。

(4) 市场策略。在本币汇率波动的情况下，改变市场策略能够为跨国公司获得竞争优势提供大量的机会。

本币贬值后，跨国公司将能扩大生产量来满足广大国内外消费者的需求。本币升值后，尽管产品价格的上升会减少跨国公司的市场份额，但此时却是跨国公司增加新产品研发预算、实施新产品的好时机。

2. 分散化战略

分散化风险战略是指跨国公司在生产设施、原材料供应、销售市场、资本来源等方面进行方式和地区分布的多样化，从而使各种未到期的波动得以相互抵消，达到风险管理的目的。

（1）国际经营分散化。当汇率变动时，跨国公司就能通过其在某些市场竞争优势的增强来冲抵在另一些市场的竞争劣势，从而消除经济风险。例如，跨国公司对原材料的需求不仅依赖于一两个国家或市场，而是拥有多个原材料的供应渠道，即使由于某个国家货币汇率变化而使得原材料价格上涨，也不至于使生产成本全面提高而降低产品在国际市场上的竞争力。跨国公司产品的分散化销售也可以在汇率变动时，使得不同市场上产品差异带来的风险相互抵消。

（2）国际融资分散化。国际融资分散化是指跨国公司从多个金融市场以多种货币形式获得借贷资金。通过这种多来源、多货币的融资，可以分散汇率、利率波动的风险。跨国公司经常采用的融资方式除了银行直接融资外，还有票据贴现、保付代理等融资方式。

第五节　中国的汇率制度及外汇管理

一、人民币汇率制度及其选择

（一）人民币汇率简述

人民币汇率是人民币对外的比价，是其对外价值的体现，长期以来由政府授权的国家外汇管理局统一制定、调整和管理。表 3.2 列出的是 2013 年 8 月 8 日中国银行的外汇牌价表，从中可以看出，人民币汇率采用直接标价法，以 100 单位外币为标准折合成人民币若干元。

表 3.2　　2013 年 8 月 8 日人民币汇率牌价表（中国银行）　　单位：元

货币名称	现汇买入价	现钞买入价	现汇卖出价	现钞卖出价	中行折算价	发布日期	发布时间
新台币		19.74		21.17	20.43	2013-08-08	17:50:54
英镑	944.99	915.81	952.58	952.58	955.59	2013-08-08	17:50:54
港币	78.75	78.11	79.05	79.05	79.55	2013-08-08	17:50:54
美元	610.78	605.88	613.22	613.22	617.03	2013-08-08	17:50:54
瑞士法郎	662.02	641.58	667.33	667.33	663.02	2013-08-08	17:50:54
新加坡元	483.33	468.41	487.21	487.21	482.51	2013-08-08	17:50:54
瑞典克朗	93.74	90.85	94.5	94.5	93.98	2013-08-08	17:50:54
丹麦克朗	109.13	105.76	110.01	110.01	109.38	2013-08-08	17:50:54
挪威克朗	103.15	99.96	103.98	103.98	103.58	2013-08-08	17:50:54
日元	6.336 5	6.141	6.381	6.381	6.371 7	2013-08-08	17:50:54
加拿大元	585.04	566.98	589.74	589.74	591.85	2013-08-08	17:50:54
澳大利亚元	552.93	535.87	556.81	556.81	555.81	2013-08-08	17:50:54
林吉特	187.39		188.71		188.78	2013-08-08	17:50:54

表3.2(续)

货币名称	现汇买入价	现钞买入价	现汇卖出价	现钞卖出价	中行折算价	发布日期	发布时间
欧元	813.81	788.69	820.35	820.35	823.03	2013-08-08	17:50:54
澳门元	76.51	73.94	76.8	79.27	76.62	2013-08-08	17:50:54
菲律宾比索	13.98	13.55	14.09	14.53	14.01	2013-08-08	17:50:54
泰国铢	19.5	18.9	19.66	20.26	19.52	2013-08-08	17:50:54
新西兰元	485.84	470.84	489.75	492.67	485.82	2013-08-08	17:50:54
韩国元		0.530 6		0.575 5	0.552	2013-08-08	17:50:54
卢布	18.53	18.01	18.68	19.3	18.6	2013-08-08	17:50:54

现行人民币汇率主要是人民币与发达国家货币之间的管理浮动汇率，其中以人民币对美元汇率为基准汇率，人民币与其他货币之间的汇率通过各自与美元的汇率套算出来。

（二）人民币汇率制度的特点

人民币汇率制度的特点如下：

第一，以市场供求为基础的汇率。

第二，有管理的汇率。

第三，浮动的汇率。

第四，参与一篮子货币进行调节。

（三）人民币汇率制度的改革方向

人民币汇率制度的改革方向如下：

第一，逐步扩大汇率浮动区间，适当放宽人民币汇率的波动幅度。

第二，注意汇率机制调整同其他宏观经济政策的配合。

第三，协调好资本项目开发与人民币汇率制度改革的关系。

二、中国的外汇管理

（一）外汇管理的必要性

中国是一个发展中国家，曾经在相当长的时期内外汇资金比较缺乏。因此，在较长的时期，中国曾实行了比较严格的外汇管理。从根本上讲，外汇管理是为了稳定中国的对外金融，促进国民经济发展及维护国家权益。外汇管理的必要性具体表现在以下几个方面：

第一，实行外汇管理是中国对外经济开放的客观需要。

第二，实行外汇管理是实现中国国际收支平衡的需要。

第三，实行外汇管理是中国维护人民币统一市场的需要。

第四，实行外汇管理是中国提高用汇经济效益的需要。

（二）外汇管理的发展历史

新中国成立以来，中国外汇管理的发展大致分为以下四个阶段：

第一，国民经济恢复时期的外汇管理（1949—1952年）。

第二，实行全面计划经济时期的外汇管理（1953—1978年）。

第三，改革开放后逐步健全外汇管理体系时期（1979—1993年）。

第四，逐步放松的外汇管理时期（1994年至今）。

（三）中国的外汇管理机构及其职能

中国的外汇管理机构是国家外汇管理局及其分支局。国家外汇管理局是在国务院领导下，归中国人民银行管理的机构，在全国各省、自治区、直辖市、计划单列市、经济特区都设有分支局，目前分支局已达440多个。其主要职能如下：

第一，根据国家的政策和经济建设的需要，制定外汇管理的法规和制度，并组织实施。

第二，会同国务院有关部门，编制国家外汇收支计划并监督执行。

第三，管理国家外汇资金和外汇储备。

第四，制定和调整人民币汇率政策。

第五，管理银行间外汇市场，代理中国人民银行干预外汇市场。

第六，管理外债，审批向国外银行借款、在国外发行债券和对外担保业务，办理全国外债的监测、登记和统计。

第七，审批与管理银行和非银行金融机构的外汇业务。

第八，监管贸易、非贸易外汇收支和外商投资企业的外汇收支。

第九，管理在境外投资企业的外汇收支。

第十，编制国家外汇收支统计和国际收支平衡表。

第十一，检查和处罚违反外汇管理的案件。

（四）人民币自由兑换的前提条件

一国货币实现自由兑换既有利也有弊，一方面，促进了国际资本流动，带动技术及其他生产要素的流动，从而带动经济的发展；另一方面，国际资本流动反复无常，各国对资本大进大出的承受能力差异很大，抵御危机的能力也不尽相同，基础较弱的国家很可能在受到冲击后一蹶不振。

人民币自由兑换的前提条件如下：

第一，经济体系良好。

第二，宏观经济政策健全。

第三，国内金融体系完善。

第四，汇率制度安排合理和形成机制有效。

第五，利率市场化。

第六，国内资本市场发育良好。

第七，中央银行监管得力。

（五）2008 年以来的人民币国际化进程

2008 年，当美国次贷危机逐步演变成国际金融危机后，中国政府先后与韩国、马来西亚、白俄罗斯、印度尼西亚、阿根廷和冰岛等国家分别签订了双边货币互换协定。这些协定的签订表明，人民币在跨境贸易结算中的地位提高，开始了其国际化进程。

1. 人民币国际化面临的历史机遇

（1）新兴经济体传统贸易支付手段短缺，为人民币实现贸易结算提供了机遇。在 2008 年以来的国际金融危机中，大量美元从新兴经济体流出。

（2）国际金融危机令美元信任危机大幅上升，为人民币的国际化打开了历史空间。基于对中国长期经济增长前景的普遍乐观预期，加上我国保留的全球第一的外汇储备，未来人民币仍将总体保持升值的大趋势已成为国际市场的一致看法。这无疑鼓励了更多国家选择人民币作为储备资产的可能性。

2. 促成人民币国际化的主要因素

（1）中国经济在世界经济中的相对规模。中国经济总量已跻身世界前列，2010 年中国国内生产总值总量超过日本，成为全球第二大经济体。

（2）中国贸易总量在世界贸易总量中的相对规模。中国 2012 年的贸易总额为 38 667 亿美元，基本确定在货物进出口总值上超越美国，成为全球最大货物贸易国。这是继 2009 年中国成为世界第一大出口国和第二大进口国之后，中国对外贸易发展的又一个象征性节点。中国目前已是主要东南亚国家的最大贸易伙伴之一。

（3）人民币币值的稳定性。人民币币值总体稳定性较好，一般来说，一国货币币值稳定可分为对内价值稳定和对外价值稳定。从对内价值的稳定性来看，中国通货膨胀水平的稳定程度甚至与主要发达国家大致相当。从对外价值的稳定性来看，根据国际清算银行提供的人民币有效汇率和实际汇率指数，人民币近几年总体稳定性较好。

（4）中国的金融市场完善程度。我国在完善金融市场方面已有巨大进步，但仍有较长的路要走。从金融市场的建设来讲，中国国内证券市场、外汇市场、黄金市场和衍生品市场等从无到有，发展迅速。总体上来看，市场发展还处于初级阶段。由于中国当前国内金融市场尚不完善，造成人民币总体流动性仍然较差。因此，这构成了人民币国际化进程中最迫切需要解决的基础性问题。

（5）历史偏向。历史偏向是指由于历史原因，在其他货币已先行占据国际货币地位之后，对后起货币国际化形成的制约。人民币作为一种后起货币，要使自己跻身国际货币行列，应降低当前使用其他国际货币国家的退出成本，同时提高其他国家使用人民币的收益。

3. 中国应借鉴的其他货币国际化的历史经验与教训

从典型货币的国际化性质来看，总体可分为以下三大类型：

（1）强权辅助下的国际化——英镑与美元——无法复制的经验。虽然英镑和美元的国际化，都与两国经济实力的提升并最终成为全球经济霸主紧密相连，但不可忽视的是，在英镑和美元国际化进程中，本国强权的大力支持和推进至关重要。在和平与发展已成为全球主旋律的背景下，英镑和美元借助强权进行国际化的经验，对于人民币的国际化几乎不具有可复制性。

（2）区域一体化促成的国际化——马克——可以部分借鉴的经验。在二战后特别是20世纪80年代和平环境中，德国马克的国际化取得了长足进步，并最终上升为国际货币体系中仅次于美元的国际货币。当然，在当时欧洲一体化的进程中，原来还存在英国和法国两大可与之竞争的“火车头”，只是因为德国央行对通货膨胀的控制更为成功，维持了德国马克币值的稳定，从而令德国马克成为欧洲国家不约而同选择的“驻锚”货币，由此将其带入了快速的国际化轨道。

显然，从德国马克的国际化成功经验中，中国可以得到两点启示：第一，积极面对区域经济一体化进程。第二，因地制宜选择汇率制度，保持币值稳定。这对加快人民币的国际化进程至关重要。

（3）金融市场改革推进的国际化——日元——更为类似的情形，经验与教训并存。日元既无法借助于强权，也无法获得区域经济一体化的助力，而只能依靠自身金融市场的改革发展来推进日元国际化。

中国需要借鉴日元国际化的主要经验在于：第一，货币的国际化进程有可能通过政府顺应潮流的政策选择而得以加快。第二，完善本币金融市场、提高市场流动性、便利国外居民参与本币金融市场活动、建立本币国际金融中心等措施，是有价值的政策努力方向。第三，鼓励贸易中用本币结算，可以作为货币国际化初期的重要步骤。

中国需要汲取日元国际化的主要教训是没有经济的持续稳定增长，就不可能单纯借助于政策的推进而获得货币持续国际化的成功，要认真权衡利弊和评估政府对形势的调控能力，在确保经济稳定的前提下，稳步推进货币国际化。

4. 人民币国际化的前提条件

（1）发挥人民币国际贸易的计价和结算功能，需要人民币币值适度坚挺。

（2）发挥人民币的国际货币的交易功能，需要人民币自由兑换。

（3）发挥人民币的国际贮藏功能，需要境外人民币能够回流。

5. 人民币国际化需要注意的问题

（1）保持国内经济在尽可能长时期内的平稳较快发展，这是最重要的基本面决定因素。

（2）提高宏观调控能力，做好应对人民币国际化挑战的准备。

（3）不断完善多层次金融市场，提高市场流动性，便利非居民参与。

（4）积极推动区域经济一体化进程。

本章小结

外汇的确切含义需要我们从两个方面来理解：第一，动态意义上的外汇是指一国货币兑换成另一国货币，借以清偿国际债权、债务关系的一种专门性的经营活动或行为。第二，静态意义上的外汇是指外币以及以外币表示的用以进行国际结算的支付手段。它包括存放在国外银行的外币存款、以外币表示的支付凭证和有价证券。

外汇汇率又称外汇汇价，是用一种货币表示的另一种货币的价格。外汇汇率有两种基本的标价方法：一是直接标价法；二是间接标价法。二十世纪五六十年代以来，各国跨国银行又普遍采用了美元标价法。

金本位制下，汇率由铸币平价或黄金平价决定，汇率在黄金输送点上下波动，政府不需要干预外汇市场。纸币制度下，外汇汇率不再具有黄金输送点限制，波动是无止境的。纸币制度下影响汇率变动的主要因素有国际收支差额、利率水平、通货膨胀差异、财政和货币政策、市场预期、经济实力以及重大的国际政治事件等。

汇率变化对贸易的一般影响变化为一国货币对外贬值后，有利于本国商品的出口，而一国货币对外升值后，不利于本国商品的出口。但这一影响要受到该国进出口商品弹性和时滞的限制。

汇率制度是一国货币当局对本国汇率形成和变动机制所做出的一系列安排或规定。一般可以把汇率制度分为固定汇率制度和浮动汇率制度两种典型类型，它们各自利弊兼具。

固定汇率制度具有汇率稳定性特征，有利于国际贸易和国际投资活动的开展，并且可以抑制国内通货膨胀和避免汇率政策的滥用，但是要放弃自主货币政策，也容易输入通货膨胀，造成内外均衡的冲突。浮动汇率制度通过汇率自由浮动自动实现外部均衡，在保持货币政策独立和通货膨胀跨国传播方面优势明显，但是容易导致汇率政策的滥用，使外汇市场过度动荡，不利于国际经济交换。

人民币汇率制度在 1994 年进行了重大的改革，确定了人民币制度改革的目标和方向。2005 年，人民币汇率制度改革又迈出重大一步，人民币汇率以渐进的方式向浮动汇率制度推进。

外汇风险是指由于汇率波动的不确定性和难以预测性，企业和个人在涉外活动中存在着因汇率波动而蒙受损失的可能性。外汇交易过程中，有一部分外汇头寸处于暴露状态，导致了外汇风险的产生。外汇暴露程度是确定的，而外汇风险程度是不确定的。

外汇风险种类众多，主要有外汇交易风险、会计风险、经济风险、外汇储备风险等。

外汇风险的基本构成要素有本币、外币和时间，三者缺一不可。

外汇风险管理战略主要有完全不弥补战略、完全弥补战略和混合型战略三种。

交易风险的管理方法有合同条款选择法、提前与推后收付法、配平管理法、外汇交易法、BSI 法与 LSI 法、债务净额支付法、外汇风险保险法等方法。

经济风险的管理方法主要有调整性的战略措施和分散化的战略措施。

复习思考题

1. 什么是外汇？外汇的基本特征是什么？
2. 汇率有哪些标价方法？我国采用何种标价方法？
3. 如何区分直接标价法和间接标价法中的买入价与卖出价。
4. 影响汇率变动的因素有哪些？

5. 试述汇率变动对经济有哪些方面的影响。

6. 什么是汇率制度？它有哪几种基本类型？

7. 简述外汇管理的方法。

实训操作

1. 某银行的汇率报价如下：

1USD(美元)= 1.443 0~1.444 0CHF(瑞士法郎)

(1) 若询价者买入美元，汇率如何？

(2) 若询价者卖出被报价货币，汇率如何？

(3) 若询价者买入报价币，汇率又如何？

2. 某日，外汇市场上几种主要货币的即期汇率如下：

USD(美元)/CHF(瑞士法郎)= 1.255 5/59

EUR(欧元)/USD(美元)= 1.328 1/86

(1) 银行根据顾客的要求卖出瑞士法郎、买入美元，汇率应如何计算（即银行相应的报价)？

(2) 顾客以瑞士法郎向银行购买美元，汇率应如何计算？

(3) 银行应客户询价后的要求卖出美元、买入欧元的汇率应如何计算（即银行相应的报价)？

(4) 某客户要求将 100 万美元兑换成欧元，按现有即期汇率，客户可得到多少欧元？

3. 查询中国银行网站（http://www.boc.cn）或其他商业银行的官方网站，了解当前人民币外汇牌价，并分别计算 1 000 元人民币能兑换成多少美元、多少英镑、多少日元？

4. 分组到国家外汇管理局网站（http://www.safe.gov.cn/）调研，了解我国现行外汇管理的措施及人民币汇率制度的相关规定。

5. 使用同花顺软件查询近期日元兑美元汇率和韩元兑美元汇率的变化状况，并利用软件提供的近期美国、日本和韩国的经济状况数据和市场信息、预测日元和韩元汇率的近期（1~3 个月）变化趋势。在此基础上，给涉及该货币交易的外贸企业提出规避汇率风险的方法。

第四章　外汇交易

学习目标

- 了解外汇市场的含义、主体和世界主要的外汇市场
- 掌握即期外汇交易与远期外汇交易的含义、报价和交易方式
- 理解掉期交易、套汇交易、套利交易、外汇期货交易和外汇期权交易的原理和方法

专业术语

外汇市场　即期外汇市场　远期外汇市场　升水　贴水　套汇　套利　外汇期货
外汇期权　套期保值　看涨期权　看跌期权　美式期权　欧式期权

案例导入

2012 年，欧元贬值给赴欧留学、旅游、“扫货”的中国人带来了福音。

市民王先生刚从欧洲旅游回来，此行买了一个普拉达的包让他省了不少钱。“1 270 欧元，折合人民币 9 000 多元，国内要卖 15 000 元，省了不少钱呢。”王先生的算法是按照 1 欧元兑人民币 8 元多算的，如果是 2011 年去欧洲，他就省不了这么多钱。

记者查阅了解到，2012 年的 9 月 28 日，欧元兑人民币中间价为 8.181 5 元，而 2011 年的 4 月 28 日，欧元兑人民币中间价为 9.644 5 元。和 2011 年相比，同样花费 1 270 欧元，王先生省了 1 858.01 元。

王先生告诉记者，在巴黎春天的路易威登和普拉达专柜，“可以说，排队的 90%以上是中国人，我买了一个路易威登包、一个普拉达包，光排队就用了一个小时”。

蒋先生对此深有同感。他买了一款浪琴女表，按照 1 欧元兑人民币 8 元多算，折合人民币 7 800 元，比国内要便宜 1/3。“很多人欧洲游都是冲着购物去的，现在汇率低，购物很划算，性价比提高了。”

据了解，2012 年是欧元诞生的第 10 个年头。2011 年 5 月欧元开始了第三次贬值。从当时 1 欧元兑换 9.64 元人民币到 2012 年 7 月 25 日跌至 1 欧元兑换 7.647 3 元人民币，创下 10 年新低。

据蒋先生介绍，欧洲的商家也抓住了中国消费者的这种心理。巴黎春天甚至推出了“黄金周”促销期，娇韵诗、倩碧等大牌不但可以打九折，还设有专门的华人退税区，退 12%的税。这个“黄金周”促销期与中国国庆节的“不谋而合”，让人不得不相信这是专为中国消费者设立的。

【启示】人民币汇率越来越有弹性，企业和个人都必须学会利用外汇市场的外汇交易工具为自己的资产保值，规避和转移汇率变动可能遭受的损失。

第一节　外汇交易概述

一、外汇交易的含义

外汇交易一般是通过外汇市场，以外汇银行为中心，在各有关市场参与者之间进行的外汇买卖活动。

外汇交易已经历了两个发展阶段：第一阶段为传统的外汇交易阶段，主要有即期外汇交易、远期外汇交易、掉期交易、套汇交易和套利交易；第二阶段为创新的外汇交易阶段，创新的外汇交易是在传统的外汇交易的基础上于20世纪70年代中期发展起来的，主要有外汇期货交易、外汇期权交易、互换交易和远期利率协议等。

二、外汇交易的目的

在当今国际金融市场和国际贸易领域中，外汇交易的目的也日益复杂多样。其目的主要如下：

第一，满足国际贸易结算的需要。

第二，满足回避国际贸易结算中的汇率风险的需要。

第三，满足国际投资的需要。

第四，满足金融投机的需要。

第五，满足中央银行干预外汇市场的需要。

三、参与者

外汇交易的参与者主要包括外汇银行、外汇经纪人、中央银行和客户四类。

1. 外汇银行

外汇银行（Foreign Exchange Bank）又称外汇指定银行（Appointed Bank, Authorized Bank），是指经本国中央银行批准，可以经营外汇业务的商业银行和其他金融机构。其类型主要如下：

（1）专营或兼营外汇业务的本国商业银行。

（2）在本国经营的外国商业银行分行。

（3）经营外汇业务的其他金融机构。

2. 外汇经纪人

外汇经纪人（Foreign Exchange Broker）是介于外汇银行之间或外汇银行与客户之间，为交易双方接洽外汇交易而收取佣金的中间商。其类型主要如下：

（1）外汇自营商，即以自由资金参与外汇交易的经纪人，其外汇交易中自负盈亏、自担风险。

（2）跑街经纪人，即专门代替客户买卖外汇，只收取佣金，不承担盈亏风险的经纪人。

3. 中央银行

中央银行（Central Bank）在外汇交易中是监管者、参与者、干预者。中央银行参与外汇交易的根本目的不是为了商业利润，而是为了维护外汇市场的汇价稳定，并执行本国的货币政策。中央银行一般设有外汇平准基金或外汇平准账户，这些资金账户的资产构成一般都为一定数量的外币、外汇和黄金。

4. 客户

客户（Client）是指处于交易、保值或投机性需要而参与外汇交易的机构和个人。其类型主要如下：

（1）需要进行外汇买卖的企业和公司，其交易金额大。

（2）需要进行外汇交易的居民个人，其交易金额小、笔数多。

四、外汇交易的场所——外汇市场

外汇市场（Foreign Exchange Market）是国际金融市场的重要组成部分，是指经营外汇业务的银行、各种金融机构以及公司与个人进行外汇买卖和调剂外汇余缺的交易场所。

（一）交易方式

1. 有形市场

有形市场又称交易所市场，有固定的交易场所，即外汇交易所。例如，法国巴黎外汇市场、德国法兰克福外汇市场、比利时布鲁塞尔外汇市场属于欧洲大陆式（有形）外汇市场。

2. 无形市场

无形市场又称柜台市场，无一定的开盘和收盘时间，无具体交易场所。例如，英国外汇市场、美国外汇市场、加拿大外汇市场、瑞士外汇市场属于英美式（无形）外汇市场。

（二）世界主要的外汇市场

1. 英国伦敦外汇市场

英国伦敦外汇市场是全球历史最悠久、交易规模巨大的国际性外汇市场。伦敦作为欧洲货币市场的中心之一，拥有非常现代化的电子通信网络，伦敦外汇市场是一个无形市场。由于地理上的优势，伦敦在交易时间上与亚洲和北美市场相连接并有部分重叠，方便不同地域的投资者进行交易。伦敦外汇市场的外汇交易量居世界首位，汇率报价采用间接标价法，交易货币种类众多，最多达 80 多种，经常有 30~40 种。伦敦外汇市场交易处理速度很快，工作效率极高。

2. 美国纽约外汇市场

纽约外汇市场是美国规模最大的外汇交易市场，也是一个无形市场。纽约外汇市场交易活跃，但和进出口贸易相关的外汇交易量较小。纽约外汇市场是一个完全自由的外汇市场，这种宽松的金融制度有利于金融创新。

3. 德国法兰克福外汇市场

法兰克福外汇市场是欧洲中央银行所在地，是世界第三大外汇交易市场。该外汇市场分为定价市场和一般市场，交易的货币主要有美元、欧元、瑞士法郎、英镑等。

4. 日本东京外汇市场

随着日本推行金融自由化及政策国际化，在取消外汇管制的基础上，东京外汇市场从过去的区域性外汇交易市场，发展成为国际性外汇市场。在东京外汇市场上，银行同业间的外汇交易可以通过外汇经纪人进行，也可以直接进行。日本国内的企业、个人进行外汇交易则必须通过外汇指定银行进行。

5. 瑞士苏黎世外汇市场

苏黎世外汇市场主要由瑞士银行、瑞士信贷银行、瑞士联合银行、瑞士国家银行、国外银行及其分支机构、国际清算银行以及国际金融业的其他各种银行组成。其具有良好的组织和监管功能，也属于无形市场。该外汇市场可进行现货交易和期货交易，同时也兼做套汇业务，采用直接标价法标价。美元在苏黎世外汇市场上具有特殊的重要地位，这表明在市场上外汇买卖的对象不是瑞士法郎而大部分是美元，市场汇率也以美元兑瑞士法郎的汇率为主要汇率，其他货币对瑞士法郎的汇率是通过在外汇市场上对美元的汇率套算出来的。

第二节　外汇交易基本类型

一、即期外汇交易

（一）即期外汇交易概念

即期外汇交易（Spot Exchange Transaction）也称现汇交易或现货交易，是指买卖双方在外汇成交后，在两个营业日以内办理交割（Delivery）的一种外汇交易。即期外汇交易是外汇市场最常见的、也是业务量最大的交易形式，是其他外汇交易的基础。

例如，一家英国进口商从美国进口计算机，9 月 18 日货到后付款，在两个营业日内（即 9 月 20 日前）按当时银行外汇牌价完成交割，就是即期交易。

值得注意的是，所谓“营业日”，是指两个清算国银行都营业的工作日，而并非日历上的自然日。如果恰逢其中任何一个清算国银行的非营业日或节假日，营业日就顺延。但是，如果顺延之后，跨月到下一个月份，则必须提前至当月的最后一个营业日办理交割。通常情况下，上述清算国是指外汇交易实际发生的两国，即交易中的货币发行国，而发生该笔外汇交易的外汇市场所在国被称为交易国。例如，在东京外汇市场交易美元和英镑，清算国是美国和英国，交易国是日本。

交割日又称结算日或起息日，是指外汇买卖双方钱货两清的时间。在即期外汇交易中，交割日根据不同的市场习惯而有不同的规定，主要包括以下三种：

（1）标准交割日（Value Spot or VAL SP）又称即期交割或 T+2 交割，是指在成交后的第 2 个营业日交割。目前大部分的即期外汇交易都采用这种方式。

（2）次日交割（Value Tomorrow or VAL TOM）又称 T+1 交割，是指在成交后的第 1 个营业日交割。

（3）当日交割（Value Today or VAL TOD）又称 T+0 交割，是指在成交日当日进行交割。

（二）即期外汇交易的报价

即期外汇交易采取即期汇率，通常为经办外汇业务银行的当日挂牌牌价，或者参考当地外汇市场主要货币之间的比价加一定比例的手续费。

即期外汇市场上的汇率通常采取双向报价方式，即报价者同时报出买入价和卖出价，并将买入价和卖出价之间用横线（或波浪线、斜线）隔开。银行在经营外汇买卖业务时，采取的是“低买高卖”原则，银行卖出外汇的价格叫卖出价，银行买进外汇的价格叫买入价，卖出价高于买入价，其差价一般为1‰~5‰，这就是银行的收益。

报价中各种货币的名称通常用 3 个大写字母的代码表示，前两个字母大都为国家或地区名称的缩写，最后一个字母则为该货币单位的首字母。前面第三章中介绍了常见的货币名称，如 USD（美元）、GBP（英镑）、EUR（欧元）、JPY（日元）、CAD（加拿大元）、CHF（瑞士法郎）、AUD（澳元）、HKD（港币）等。

在一队货币的报价中，总有一种货币是处于主要地位的，被称为基础货币，也就是在货币对中单位始终为标准单位（如 1 个单位或者 100 个单位）的货币。例如，EUR 相对于其他所有货币都是基础货币，因此与 EUR 组成的货币对被记为 EUR/USD、EUR/GBP、EUR/CHF、EUR/JPY 等，均把 EUR 放在首位。相对而言，这一对货币中的另一种货币则为报价货币，通常写在斜线（或者等号）的右边。此外，外汇报价通常使用 5 位有效数字表示，从左往右的第 5 位数字 1 个单位的数字变化被称为 1 个（基本）点的变化，第 4 位数字 1 个单位的数字变化则被称为 10 个（基本）点的变化，以此类推。例如：欧元兑美元的报价可表示为 EUR1 = USD1. 223 0/1. 224 0 或者 EUR1 = USD1. 223 0~1. 224 0 或者 1EUR/USD 1. 223 0/1. 224 0，它表示 1 欧元的买入价为 1. 223 0 美元，卖出价为 1. 224 0 美元，买卖差价为 10 个点。此时，如果 1 欧元的买入价从 1. 223 0 美元上涨为 1. 224 0 美元，我们就说欧元上升了 110 个点。有时银行也会采取简略的形式进行报价，在报价时只报出卖出价的最后两位数字，而将其前面的几位数字省略掉，如 EUR/USD 1. 223 0/40；或者只报出买入价和买卖差价的点数，不报出卖出价，如 EUR/USD 1. 223 0+10。

对于银行报价，重要的是弄清楚买卖价的不同，不使买卖方向搞错。例如，上述欧元兑美元的标价表示银行愿以 1. 223 0 的汇价买进欧元，同时卖出美元；又以 1. 224 0 的汇价卖出欧元，买进美元。这里的买和卖都是从银行（或者报价者）的角度说的，而外汇交易人则是银行的交易对手。因此，交易人要买入某种外汇时，应该用这种外汇的卖出价；而交易人要卖出某种外汇时，则应该用这种外汇的买入价。

［例 4-1］日本某汽车厂出口汽车到美国后收回货款 100 万美元，如果按当日的外

汇牌价 1USD=110.25-110.35JPY 将美元兑换成日元，该汽车厂可换得多少日元？

在［例 4-1］中，汽车厂是卖美元，买日元；则银行就是买美元，卖日元，使用买入价 110.25。因此，100 万美元可换得 100×110.25=11 025 万日元。

［例 4-2］2010 年 3 月 22 日，某银行外汇牌价为 1USD=7.758 5-7.760 0HKD。中国香港某文具厂出口产品原报价为 10 万美元，现外商要求改用港币报价，该出口商应如何报价？

在［例 4-2］中，出口商原收外币，现改收本币，需要计算收回多少本币才能换得原来的 10 万美元，即需要出口商卖港币，买美元；银行就是买港币，卖美元，使用卖出价 7.760 0。因此，港币报价为 10×7.760 0=77.6 万港币。

（三）即期汇率的折算

（1）已知汇率为中间价，汇率的折算方法是直接求原汇率的倒数。例如，已知 USD/HKD=7.767 4，则 HKD/USD=1/7.767 4=0.128 7。

（2）已知汇率分别为买入价和卖出价，汇率的折算方法是分别将买入价和卖出价求倒数后，再将求得的结果左右位置互换，作为折算汇率的卖出价和买入价。例如，已知 USD/HKD=7.766 4-7.768 4，则 HKD/USD=(1/7.768 4)-(1/7.766 4)=0.128 7-0.128 8。

（四）即期汇率的套算

（1）已知汇率为中间价，将两组汇率直接相除即可。

［例 4-3］已知 USD/HKD=7.767 4，USD/CAD=1.023 0。

则 CAD/HKD=7.767 4/1.023 0=7.592 8。

（2）已知汇率分别为买入价和卖出价，使用“交叉相除法”。

［例 4-4］已知 USD/HKD=7.766 4-7.768 4，USD/CAD=1.022 2-1.023 8。

则 CAD/HKD =(7.766 4/1.023 8)-(7.768 4/1.022 2)

=7.585 9-7.599 7

（3）已知汇率为中间价，将两组汇率直接相乘即可。

［例 4-5］已知 USD/HKD=7.767 4，EUR/USD=1.502 0。

则 EUR/HKD=7.767 4×1.502 0=11.666 7。

（4）已知汇率分别为买入价和卖出价，使用“同边相乘法”。

［例 4-6］已知 USD/HKD=7.766 4-7.768 4，EUR/USD=1.501 0-1.503 0。

则 EUR/HKD =(7.766 4×1.501 0)-(7.768 4×1.503 0)

=11.657-11.676

二、远期外汇交易

（一）远期外汇交易的概念

远期外汇交易（Forward Exchange Transaction）又称期汇交易，是外汇买卖成交后，于两个营业日以外的预约时间再办理交割的外汇业务。

（二）远期外汇交易的交割期限

远期外汇交易的交割期限有长有短，常见的期限有 1 个月、2 个月、3 个月、6 个月，长的可达 1 年。交割期限是成交日和交割日之间的时间间隔。与即期外汇交易不同的是，远期外汇交易的交割日在成交后的两个营业日以后。对交割日的规定方法主要有以下两种：

1. 固定交割日

固定交割日是指交易双方商定某一确定的日期作为外汇买卖履行的交割日，确定后的交割日既不能提前，也不能推迟。固定交割日的确定通常是以即期交割日加上交割期限。例如，6 月 10 日签约的 3 个月远期合约，则合约 9 月 10 日到期，远期交易的交割日是在合约到期后的两个交易日内；6 月 10 日签约的 7 天远期合约，交割日是6 月 17 日后的两个交易日内。与即期外汇交易一样，交割日如果恰逢节假日，则顺延到下一个营业日。此外，远期交割日还有“双底”的规定，这是指如果即期交割日为当月的最后一个营业日，则远期交割也是当月的最后一个营业日。

2. 非固定交割日

非固定交割日的远期外汇交易也叫择期外汇交易，择期外汇交易赋予了外汇交易人更多的灵活性，买卖双方都可被授权在规定期限内选择交割日期。授权给买方的称为“买方选择”，授权给卖方的称为“卖方选择”，而且期限越长，授权方承担的风险就越大，因此，择期期限一般在一个半月以内。

（三）远期外汇交易的报价

1. 完整报价法（Outright Rate）

完整报价法是指直接报出远期外汇的实际汇率，主要用于对一般客户的报价（瑞士、日本等少数国家采用此种方法）。

［例 4-7］纽约外汇市场：

Spot Rate：USD/JPY = 118. 40/60

One Month Forward Rate：USD/JPY = 118. 50/80

Six Months Forward Rate：USD/JPY = 119. 23/73

2. 掉期率报价法（Swap Rate）

掉期率也称汇水，是指外汇的远期汇率与即期汇率的差额。

［例 4-8］苏黎世外汇市场：

Spot Rate：1USD = 1. 238 1-1. 240 5CHF（直标）

Three Months Margin：74-78（前小后大，为升水）

(65-60)（前大后小，为贴水）

Three Months Forward Rate：1USD = 1. 245 5-1. 248 3CHF

(1USD = 1. 231 6-1. 234 5CHF)

［例 4-9］伦敦外汇市场：

Spot Rate：1GBP = 1. 867 8-1. 870 0USD（间标）

Three Months Margin：74-78（前小后大，为贴水）

(65-60)（前大后小，为升水）

Three Months Forward Rate：1GBP＝1. 875 2－1. 878 8USD

（1GBP＝1. 861 3－1. 864 0USD）

由此可见，无论在哪个外汇市场及是否判断出哪种标价法，只要前小后大就用加法，前大后小就用减法。

（四）远期汇率与利率的关系

1. 在其他条件不变的情况下，低利率货币远期升水，高利率货币远期贴水

［例 4－10］已知伦敦市场的年利率为 8%，纽约市场的年利率为 6%，利差为 2%；伦敦市场的美元即期汇率为 1GBP＝1. 950 0USD。

根据此汇率，英国 A 银行若卖出即期美元 19 500 美元，应收入 10 000 英镑。

A 银行若卖出 3 个月远期美元 19 500 美元，如果未能同时补进 3 个月远期美元，则 A 银行需要动用自己的资金 10 000 英镑。

A 银行需要按 1GBP＝1. 950 0USD，购买即期美元 19 500 美元存放在纽约的银行，以备 3 个月后向顾客交割。

由于两地存在利差，该笔存款的利息损失为 10 000×（8%－6%）×（3/12）＝50 英镑。

因此，A 银行会将 50 英镑的利息损失转嫁给购买 3 个月远期美元的顾客，即顾客要支付 10 050 英镑才能买到 3 个月远期美元 19 500 美元。

于是，A 银行向顾客卖出 3 个月远期美元的汇率为 19 500USD/10 050GBP＝1. 940 3。因此：

Spot Rate：1GBP＝1. 950 0USD

Three Months Forward Rate：1GBP＝1. 940 3USD

3 个月远期美元升水 1. 950 0－1. 940 3＝0. 009 7 美元。

由此可见，利率较低的货币远期升水，利率较高的货币远期贴水。

2. 远期汇率汇水的具体数额，取决于两种货币的利率差异

根据［例 4－10］，可推导汇水公式如下：

汇水数＝即期汇率×两地利差×（月数/12）　（公式 4. 1）

［例 4－10］中，3 个月远期美元汇水数也可以通过公式 4. 1 计算。

汇水数＝1. 950 0×2%×3/12＝0. 009 75

3. 远期汇水的折年率取决于即期汇率与汇水数额

折年率是指外汇升水（或贴水）的年变化率，这个指标能够直观地反映出外汇的升水（或贴水）幅度。

远期汇水的变化率＝汇水数/即期汇率　（公式 4. 2）

远期汇水的折年率＝远期汇水变化率×（12/月数）

＝（汇水数×12）/（即期汇率×月数）　（公式 4. 3）

由此可见，当远期汇水的折年率>两地利差时，表明低利率货币的升值幅度高于其利差损失或高利率货币的贬值幅度高于其利差收益，即低利率货币赚的多、亏的少，高利率货币赚的少、亏的多，于是投资者选择低利率货币更划算，应将货币存放在低利率国。

（五）远期外汇交易的应用

1. 防范或对冲外汇风险

采取方法：套期保值（Hedging），即交易一方通过远期外汇交易，事先就确定将来收到或付出的一笔外汇的转换价格，从而避免汇率风险的一种策略。

[例 4-11] 某日本出口商向美国进口商出口价值 20 万美元的商品，共花费成本 2 000 万日元，约定 3 个月后付款。

双方签订买卖合同时的即期汇率为 1USD＝120JPY，按此汇率，出口商收回的货款可折算为 2 400 万日元，扣除成本，出口商获利 400 万日元。

若 3 个月后，期汇汇率为 1USD＝110JPY，则少赚 200 万日元。

若 3 个月后，期汇汇率为 1USD＝100JPY 以下，则出口商就会不赚反亏。

于是，日本出口商在面临汇率波动带来的压力时，可在签订合同时，同时与银行签订 3 个月远期美元卖出合同，3 个月期汇汇率为 1USD＝115JPY，合同金额为 20 万美元。

这样，出口商在 3 个月后一收回货款，就可以马上履行远期美元卖出合同，换得 2 300 万日元，将换汇成本完全锁定。

[例 4-12] 香港某投资者对美国某银行有 1 000 万美元的债务，3 个月后到期。为防止美元汇率波动造成损失，该投资者可以购买金额为 1 000 万美元的 3 个月美元期汇，远期汇率为 1USD＝7.760 0HKD。

若没采取套期保值，按 3 个月后即期汇率 1USD＝7.770 0HKD 换汇并偿还债务，就得付出 7 770 万港币才能兑换 1 000 万美元。但该投资者现已购买期汇，债务到期时只要付出 7 760 万港币就可以了。

2. 投机

外汇投机（Exchange Speculation）是指投机者通过买卖现汇或期汇，有意保持某种外汇的多头或空头，以期在汇率发生变动之后获得收益。

在投机时，投机者并不需要缴纳很多资金，可以以小博大。具体来讲，投机又分为买空和卖空两类。买空（Buy Long）是指预测某种外汇升值，在远期市场买进该种货币，等到合约到期再在即期市场卖出该种货币；卖空（Sell Short）是指预测某种外汇贬值，在远期外汇市场卖出该种货币，等到合约期满，再在即期市场买进该种货币。买空和卖空交易都是利用贱买贵卖的原理牟取远期市场与即期市场的汇差。当然，如果预测失误，也会给交易者带来损失。

[例 4-13] 英镑 3 个月远期汇率为 GBP/USD＝1.678 0，投机商预测英镑未来贬值，则卖出 100 万英镑，期限 3 个月。第二个月，英镑贬值，则 GBP/USD＝1.478 0，买进 100 万英镑 1 个月远期。

（注：两笔交易交割日相同。）

交割日，买进 100 万英镑，付 147.80 万美元；卖出 100 万英镑，收 167.80 万美元，最终获利 20 万美元。

由此可见，投机交易的好处在于由于远期外汇交易不用立即交割，因而投机者不用持有足额的现汇就可以进行交易。

三、掉期交易

（一）掉期交易的概念

掉期交易（Swap Transaction）又称调期交易或外汇换汇交易，是指将货币相同、金额相同、方向相反、交割期限不同的两笔外汇交易结合起来进行，以牟取利润或避免风险的外汇交易。

例如，先以 A 货币兑换成 B 货币，将来再以 B 货币换回 A 货币的交易，其实际上是即期交易和远期交易的综合运用。

（二）掉期交易的目的

轧平不同期限的外汇头寸，避免汇率风险，主要用于银行同业之间的外汇交易。

（三）掉期交易的特点

第一，买卖同时进行。

第二，买卖外汇的数额相同、币种相同。

第三，交割期限不同。

（四）掉期交易的种类

1. 按交割期限分类

（1）即期对远期的掉期交易（Spot-Forward Swaps），即买进或卖出一笔现汇的同时，卖出或买进一笔期汇的掉期交易。这是掉期交易中最常见的形式，远期的交割期限大多为 1 个星期、1 个月、2 个月、3 个月、6 个月。

（2）即期对即期的掉期交易（Spot-Spot Swaps），也称一日掉期（One-Day Swap），即同时做两笔金额相同、交割相差一天、交易方向相反的即期外汇交易。这种类型一般用于银行同业之间的隔夜资金拆借，分为：隔夜交易（Over-Night，O/N），即一笔在交易日当日交割，另一笔在交易日后的第一个营业日交割；隔日交易（Tom-Next，T/N），即一笔在交易日后的第一个营业日交割，另一笔在交易日后的第二个营业日交割。

（3）远期对远期的掉期交易（Forward-Forward Swaps），即对不同交割期限的期汇做货币和金额相同而方向相反的两个交易，这种掉期偶尔使用。例如，某投资者在买进 100 万 60 天远期英镑的同时，又卖出 100 万 90 天远期英镑。

2. 按买卖性质分类

（1）买/卖掉期交易，即买入某货币的即期，卖出某货币的远期，或者买入某货币较短期限的远期，卖出较长期限的远期。

（2）卖/买掉期交易，即卖出某货币的即期，买入某货币的远期，或者卖出某货币较短期限的远期，买入较长期限的远期。

3. 按买卖对象分类

（1）纯粹的掉期交易，即两笔期限不同的交易都是与同一个对手进行，即交易只涉及两方。

（2）配合的掉期交易，即两笔期限不同的交易分别与不同的对手进行，即交易涉及三个参加者。

（五）掉期交易的应用

1. 转换货币种类以求保值

［例4-14］某企业持有港币，但需3个月后支付100万美元，为避免3个月后港币贬值或美元升值，该企业可在即期外汇市场以港币买进100万美元，同时卖出100万3个月远期美元，收进港币。

2. 将远期外汇交易展期或提前到期

［例4-15］德国某出口商与美国某进口商于某年3月20日签订贸易合同，定于同年6月20日收付270万美元贷款。

为防止汇率风险，德商同银行签订3个月远期美元卖出合同。但由于某种原因，德商要推迟1个月（7月20日）才能收进美元贷款。

为锁定交易成本，德商于6月20日在即期外汇市场以欧元买进美元，同时在远期外汇市场又卖出1个月远期美元，收进欧元。

这样，德商通过掉期交易就达到将原来远期外汇合同展期的目的。

3. 轧平货币的现金流量

［例4-16］某银行分别做了以下四笔外汇交易：

（1）买入即期美元200万。

（2）卖出即期美元400万。

（3）买入3个月远期美元300万。

（4）卖出3个月远期美元100万。

该银行外汇头寸在数量上已经轧平，但是资金流量的时间上存在明显缺口。为了规避资金缺口可能带来的风险，可以承做一笔即期对远期的掉期交易：买入200万即期美元，卖出3个月远期美元200万，从而平衡资金流量。

4. 消除各种外汇交易产生的风险头寸

［例4-17］某银行3个月远期美元超买100万，6个月远期美元超卖100万，银行对多头、空头分别进行抵补，需要做多笔交易，交易成本较高，而如果承做一笔3个月对6个月的掉期交易，即卖出3个月远期美元100万，同时买入6个月远期美元100万，就能以一笔交易和较低费用实现抵补。

四、套汇交易

（一）套汇交易的概念

套汇交易（Arbitrage Transaction）是指套汇者利用同一货币在不同地点、不同交割期限存在的汇率差异，进行贱买贵卖以套取差价利润的外汇交易。

套汇交易包括地点套汇（不同市场汇率差异）、时间套汇（不同交割期限，如掉期交易）和利息套汇（不同市场利率差异，如套利交易）。

（二）套汇交易的种类

1. 直接套汇

直接套汇又称两角套汇或双边套汇，是指利用两个外汇市场之间的汇率差异，在某一个外汇市场低价买进某种货币，而在另一个市场以高价出售该种货币的外汇交易方式。直接套汇是套汇的最简单、最主要的形式，通常所说的套汇一般都是指直接套汇。

［例 4-18］伦敦市场：GBP1＝USD1.685 0/60

纽约市场：GBP1＝USD1.688 0/90

在伦敦市场买英镑：GBP1＝USD1.686 0

在纽约市场卖英镑：GBP1＝USD1.688 0

获利收入：GBP1＝USD0.002

（1）积极套汇：完全以赚取汇率差额为目的的套汇活动。

［例 4-19］纽约市场：1USD＝1.287 0-1.288 0CHF

苏黎世市场：1USD＝1.293 0-1.294 0CHF

根据“贱买贵卖”的原则：

首先，在苏黎世市场套汇者卖出 1 美元，收进 1.293 0 瑞士法郎。

其次，同时在纽约市场买进 1 美元，支付 1.288 0 瑞士法郎。

最后，做 1 美元的套汇交易可赚取 0.005 0 瑞士法郎。

可见，套汇利润须大于套汇费用，否则套汇无利可图。

（2）消极套汇：目的不是套汇，而是跨国公司在转移资金时，顺便利用汇率差异在一定程度上降低汇兑成本。

［例 4-20］某投资者在纽约拥有一笔美元，因外汇投资的需要，需电汇 100 万英镑至伦敦，当天汇率为：

伦敦：1GBP＝1.678 5USD

纽约：1GBP＝1.676 5USD

要完成这笔投资，该投资者需要把纽约的美元资金转换为伦敦的英镑资金，其转换途径如下：

途径一：先将美元从纽约电汇至伦敦，再在伦敦外汇市场将美元兑换成英镑，换取 100 万英镑需 167.85 万美元。

途径二：先在纽约外汇市场将美元兑换英镑，换取 100 万英镑需 167.65 万美元，再将换得的 100 万英镑从纽约电汇至伦敦。

因此，应该选择第二种途径，节省下来 0.2 万美元的成本。

支出也可看做该投资者的套汇获利。

2. 间接套汇

间接套汇又称多边套汇，是指利用 3 个或 3 个以上外汇市场中 3 种或多种不同货币之间汇率的差异，同时在这些市场贱买贵卖有关货币，从中赚取外汇差额的一种套汇方法。

[例 4-21] 纽约市场：USD1 = CHF1. 615 0/60（间）

苏黎世市场：GBP1 = CHF2. 405 0/60（直）

伦敦市场：GBP1 = USD1. 531 0/20（间）

假设套汇者为纽约外汇市场上的某投资人，其持有的初始资金为 500 万美元，他能否利用这三地外汇市场从事间接套汇？如果可以，应如何操作？套汇收益为多少？

步骤如下：

（1）统一标价法，判断汇率是否存在差异：

1. 615 0×1/2. 406 0×1. 531 0 = 1. 027 6

若汇率 = 1，说明不存在汇率差异，套汇无利可获。

若汇率>1，说明存在汇率差异，可以进行套汇。

②寻找套汇路线：

若汇率>1，可按此顺序套汇：USD→CHF→GBP→USD（纽约—苏黎世—伦敦）（顺汇）。

若汇率<1，可按此顺序套汇：USD→GBP→CHF→USD（伦敦—苏黎世—纽约）（逆汇，不可取）。

（3）计算套汇收益：

500×(1. 027 6−1)/1×100% = 13. 8（万美元）

总结：套汇要选择一个套汇周期，最终回到原币种。

五、套利

（一）套利的概念

套利（Interest Arbitrage）是指投资者根据两国市场利率的差异，将资金从利率较低的国家调往利率较高的国家，以赚取利差收益的一种行为。

（二）套利与套汇的比较

共同点：都是利用不同市场上的货币价差，谋取利润。

不同点：套汇者只在即期市场操作，短时间内即可实现利润；套利交易较为复杂，有即期交易、远期交易，还涉及两地的利息率。

例如，日元年利率为 1%，美元年利率为 6%，为谋取利差收益，可将资金从日本调往美国。

根据是否对汇率风险进行抵补，可将套利分为两种：

1. 未抵补套利

未抵补套利（Uncovered Interest Arbitrage）又称非抵补套利，是指套利者仅仅利用两种不同货币的利差，将资金从利率低的货币市场转向利率高的货币市场，而没有采取保值措施的套利交易。

假设市场即期汇率为 USD1 = JPY109. 90/00，一投资者准备将 1. 1 亿日元转到美国进行为期半年的投资。

半年后投资本利和 = 110 000 000(日元)÷110×(1+6%×6/12)= 1 030 000（美元）

（1）若半年后投资者兑换日元的汇率仍为 USD1＝JPY110。

1 030 000(美元)＝1 030 000×110＝113 300 000(日元)

若不套利,半年后日元的投资本利和＝110 000 000(日元)×(1+1%×6/12)

＝110 550 000(日元)

套利获利＝113 300 000－110 550 000＝2 750 000（日元）

（2）若半年后美元兑日元汇率为 USD1＝JPY106。

1 030 000(美元)＝1 030 000×106＝109 180 000（日元）

套利损失＝109 180 000－110 550 000＝－1 370 000(日元)

2. 抵补套利

抵补套利（Covered Interest Arbitrage）是指投资者在将资金从低利率国家调往高利率国家的同时，利用一些外汇交易手段对投资资金进行保值，以降低套利活动中的汇率风险。简单来讲，套利者在套利开始时，在即期外汇市场将低利率货币兑换成高利率货币，并将其调往高利率市场存放。同时，套利者与银行签订一份与存款期限相同的远期外汇合约。在存款期满时，套利者再将高利率货币的本息按照远期合约的交易价格兑换成低利率货币，并调回低利率市场。这样，套利者在套利一开始就确定了未来的收益，完全不受汇率波动的影响。

假设美元兑日元的 6 个月期的远期汇率为 108. 00/50，投资者则可用远期交易来进行抵补套利：

卖 1. 1 亿日元现汇可得＝110 000 000÷110＝1 000 000（美元）

在美国投资半年的本利和＝1 000 000 ×(1+6% ×6/12)＝1 030 000（美元）

卖 103 万美元的期汇，到期可得＝1 030 000 ×108＝111 240 000（日元）

套利收益＝111 240 000 －110 550 000＝690 000（日元）

可见：抛补套利是一种重要的投资和避险手段。它实际上是无抛补套利和掉期交易相结合的一种交易。它的好处在于套利者既可获得利率差额，又可避免汇率波动的风险。

套利业务需要注意以下几点：

第一，套利活动是以有关国家对货币的兑换和资金的转移不加任何限制为前提的。

第二，所谓国际金融市场上两种货币的利差差异，是就同一性质或金融工具的名义利率而言，否则就不具有可比性。

第三，套利活动是国际货币市场利率和国际外汇市场汇率不均衡的产物，随着套利活动的进行，市场上的利率与汇率之间的均衡关系又会重新得到恢复，使套利活动无利可图。

第四，套利活动也涉及一些交易成本，考虑到套利交易的这些成本因素，市场不必等到利率差与掉期成本年率完全一致，套利活动就会停止。

第三节　外汇衍生金融产品

外汇衍生金融产品（Foreign Exchange Derivatives）是金融衍生产品的一种，是指从原生资产派生出来的外汇交易工具，其价值取决于一种或多种基础资产或指数。

一、外汇远期

外汇远期合约（Forward Exchange Agreement，FXA）是一种交易双方约定在未来某日或某日前以确定价格购买或出售一定数额的某种金融资产的合约。

外汇远期合约的特点：由买方和卖方私下签订；可以根据双方的需要而定制；交易费用低廉；双方在合约中的利益要到交割日才能实现；合约利益的实现受交易对手的信用影响。

由于有一些国家或地区的货币是不能完全自由兑换的，因此一种新型的远期合约便应运而生——不交收远期合约（Non-Deliverable Forward，NDF）。NDF 与传统的外汇远期合约最大的区别在于，到期只交收远期合约汇率与到期时即期汇率的差额，不用交割本金，结算是用可以自由兑换的货币完成，不需要使用不能自由兑换的货币。

例如，中国香港地区，2005 年 11 月，中银香港、汇丰银行、渣打银行等 11 家银行对普通投资者推出人民币 NDF，合约到期以美元结算和交收，以吸引中国香港中小企业及个人投资者入市，进行人民币汇率对冲或套利。合约最低面额为 10 000 美元，有 5 种期限供选择——1 个月、2 个月、3 个月、6 个月以及 1 年。合约有两种可供选择：第一，如果认为人民币未来汇率相对于合约协定的汇率将升值，可选择买人民币卖美元。第二，如果认为人民币未来汇率相对于合约协定的汇率将贬值或持平，可选择卖人民币买美元。因为到期日只对盈亏进行结算，所以买卖人民币 NDF 可以做保证金交易，只要交一定的保证金即可买入面额为保证金数倍的合约。

二、外汇期货

（一）外汇期货的概念

外汇期货交易（Foreign Exchange Future Transaction）也称货币期货，是指外汇交易双方通过经纪人在期货交易所内借助于买卖标准化的外汇期货合约来进行的一种外汇交易。

对于外汇期货的理解应注意：外汇期货交易是集中在期货交易所内来进行的；外汇交易者必须通过经纪人来进行外汇期货交易；通过买卖标准化的外汇期货合约来进行外汇交易。外汇期货合约的标准化主要体现在交易币种、合约面额、交割月份、交割日期等方面。

（二）外汇期货的特点

1. 标准化合约

期货合约是标准化的远期外汇交易合约，即将远期外汇交易合同中的合同金额、合同到期日标准化后，以便于在期货交易所进行交易。

2. 保证金制度

交易双方均需通过经纪人向期货清算所缴纳一定数量的保证金。期货交易在期货交易所进行，交易者的履约对手为期货清算所。因此，交易者不承担信用风险，需每天按市价进行现金结算，即调整其保证金账户余额。

例如，交易者 A 某日购进一份英镑期货合同（金额为 25 000 英镑，协定价格为 1 英镑 = 1.455 0 美元），在交易日当天的清算价若为 1 英镑 = 1.460 0 美元，则该交易者当天的交易结果为（1.460 0−1.455 0）×25 000 = 125 美元。该交易者当天盈利 125 美元，则其保证金账户余额增加 125 美元。

3. 交割方式

期货合约的履约方式可以采用对冲或实物交割方式，绝大部分是采用对冲方式，即在合同到期前做一笔相反的交易。未对冲的交易必须在到期月份进行集中的实物交割（如到期月份的第三个星期的星期三）。

4. 价格波动幅度限制

价格波动幅度限制即每日停板额限制，外汇期货合约的每日价格波动限制用一定的点数来表示。国际货币市场对上市交易的六种主要外汇期货，分别规定了每日价格波动限制，其中欧元为 200 点，日元为 150 点，英镑为 400 点，瑞士法郎为 150 点，澳元为 150 点，加拿大元为 100 点。

5. 清算所制度

期货交易都有固定的交易场所，交易所都设有清算所，外汇期货交易每天由清算所结算盈亏，获利可以提走，而亏损超过最低保证金时，应及时通知交易人补充或退出交易。远期外汇交易可以在任何地点发生，通过电话或电传即可完成。

（三）外汇期货的基本程序

1. 开户

客户欲进行外汇期货交易，首先必须选定代理自己交易的经纪商，开设账户存入保证金。之后，客户即可委托经纪商为其办理外汇期货合约的买卖。

2. 委托

在每一笔交易之前客户要向经纪商发出委托指令，说明客户愿意买入或卖出的外汇期货、成交的价格、合约的种类和数量等，指令是以订单的形式发出的。

3. 成交

经纪商接到客户订单后，便将此指令用电话或其他通信设备通知场内经纪人，由场内经纪人根据客户指令在场内公开叫价，确定成交的数量和汇率。

4. 清算

交易成交后，场内经纪人一方面把交易结果通知经纪商和客户，另一方面将成交的订单交给清算所，进行记录并最后结算。每个交易日末，清算所计算出每一个清算会员的外汇头寸（买入与卖出的差额）。

5. 交割

外汇期货交易具有双向性，因此外汇期货合约极少在到期日交割，通常通过对冲，利用一笔相反的交易进行平仓，买卖双方只需要将盈亏差额结清。

（四）外汇期货的作用

1. 套期保值

套期保值又称对冲，是指交易者目前或预期未来将有现货头寸，并暴露于汇率变动的风险之中，在期货市场做一笔与现货头寸等量而买卖方向相反的交易，以补偿对冲因汇率波动可能带来的损失。一般来说，通过做套期保值可以达到两个目的：第一，锁定资金成本；第二，保护资金的收益。

2. 投机

投机性期货交易是指那些没有现货交易基础的交易者，根据自己对价格变动趋势的预测，而进行的以牟取期货价格差额为目的，承担风险的期货交易。

投机者通过承担价格风险，力图以较小金额的保证金，从事数倍或数十倍于保证金金额的交易以赚取利润。

具体操作：当投资者预测价格将会下降（上升）时，其会首先卖出（买入）期货，即建立空头（多头）仓位，待期货价格下降（上升）后再低价买入（高价卖出）期货，从中获取差额利润。

三、外汇期权交易

（一）外汇期权交易的概念

外汇期权交易（Foreign Exchange Option Transaction）是指外汇期权的买方在支付一定费用后，可以获得是否在约定的时间内按照协定的汇率买进或卖出一定数量的某种外汇的权利。

对外汇期权的理解应注意：外汇期权买方买进的是一种权利；外汇期权买方须向外汇期权卖方支付一定的费用。

外汇期权交易在许多方面类似于外汇期货交易。在交易所交易的外汇期权合约也是标准化合约，交易所事先确定合约的到期日、合约金额、交割地点、执行价格、保证金制度、交易时间等。例如，国际货币市场规定每份外汇期权合约的金额分别为62 500 英镑、125 000 瑞士法郎、12 500 000 日元、100 000 加拿大元。外汇期权的交割月份是每年的 3 月、6 月、9 月、12 月，到期日（即买方有权履约的最后一天）是交割月份中的第三个星期三之前的星期五，期权期满时的资金结算日通常为交割月份的第三个星期三。

与外汇期货不同的是，外汇期权既可以通过场内交易，也可以通过场外交易。场内交易是在交易所交易大厅通过经纪人进行交易，并通过公开竞价的方式决定合约价格。场内交易的内容是标准化的，合约的各项规定都是交易所制定的。在场内交易中，只有少数合约涉及最终交割。场外交易主要是客户与银行、银行与银行之间通过电话、电传等通信设备，直接协商合约价格。合约完全由客户根据其特殊需要协商决定，非常灵活，而且场外交易的多数合约都涉及最终交割。

（二）外汇期权交易的特点

外汇期权交易的本质是一种权利的买卖，这使其与其他金融业务相比，具有以下独特之处：

1. 权责不对等

在外汇期权合约中，买方拥有的是权利而不是责任，卖方拥有的是责任而不是权利。买方购买到的是一种选择权，当执行价格与未来的市场汇率相比，对买方有利时，买方就执行合约，否则就放弃合约。而对期权交易卖方而言，其没有任何选择的余地。

2. 买卖双方损益不对等

买方的损失额度有限，不管汇率如何变动，期权买方的损失不会超过期权保险金，而卖方的损失可能无限大。

3. 期权费不能收回，并且费率不固定

期权费又称权利金、保险费，它既构成了买方的成本，同时又是卖方承担汇率变动风险所得到的补偿。期权费一旦支付，无论买方是否执行合同，都不能收回。期权费的多少，视合同期限长短与汇率波动大小的影响而定。一般来说，汇率较稳定的货币收取的期权费比汇率波动大的货币少；期权合约的期限长，期权费越多，反之越少。

4. 外汇期权也有一定局限性

外汇期权最主要的局限性表现在期权合约是标准化的，每天随市清算，因此在范围上受限制。而且，由于其经营机构少、有效期限短、流动性差等缺点，外汇期权的交易量不大。

（三）期权的种类

1. 按照行使期权的时间分类

（1）欧式期权。期权的买方权力只能在期权到期日行使，即决定执行或不执行远期合约。

（2）美式期权。期权的买方可在期权到期日前的任何一天行使其期权，即期权的买方有权决定执行或不执行远期合约，也可以决定何时执行交易合约。美式期权较欧式期权更为灵活，故其期权费水平高。

2. 按照购买者的买卖方向分类

（1）买进期权。买进期权又称看涨期权，简称买权，是指合约的购买方有权在合同期满时或在到期前按协定汇率购进规定数额的外币，也有权不买，任凭合约作废。

（2）卖出期权。卖出期权又称看跌期权，简称卖权，是指合约购买方有权在合同期满时或到期前按约定汇率卖出规定数额外币，当然也有权不卖，以避免该种外币汇率过度下跌造成的汇率损失。

［例 4-22］某交易者购买金额为 10 万英镑的 3 月份到期的英镑买进期权（美式期权），期权费为 2 000 美元，协议价格为 1 英镑 = 1.45 美元。

若3月份之前，市场英镑现汇价格高于协议价格，则期权的购买方肯定要求执行合约。执行合约的结果有以下两种情况：

（1）使期权买方减少损失。

若市场现汇价格为1英镑=1.55美元，则买方行使期权，购进10万英镑，支付14.5万美元；在现汇市场卖出10万英镑，收回15.5万美元。

考虑到其为购买期权而支付的期权费，其最终的交易结果：

15.5−14.5−0.2=−0.1（万美元）

若不行使期权，期权的买方也支付了期权费，故其损失为2 000美元。

（2）使期权买方获利。

若市场现汇价格为1英镑=1.59美元，则买方行使期权，购进10万英镑，支付14.5万美元；在现汇市场卖出10万英镑，收回15.9万美元。

考虑到其为购买期权而支付的期权费，其最终的交易结果：

15.9−14.5−0.2=0.2（万美元）

由此可见，在看涨期权中，只要在期权有效期内市场价格高于协议价格，期权买方就会行使期权。相反，市场现汇价格低于合同中的协议价格，看涨期权的买方就会放弃行使期权。

其盈亏均衡点则是合同中的协议价格加单位期权费。

如上例，其盈亏均衡点为1.45+0.02=1.47（美元）

市场英镑现汇价格高于1.47美元，期权的买方就盈利，反之就亏损。

资料卡

看涨期权和看跌期权示意图分别如图4.1和图4.2所示。

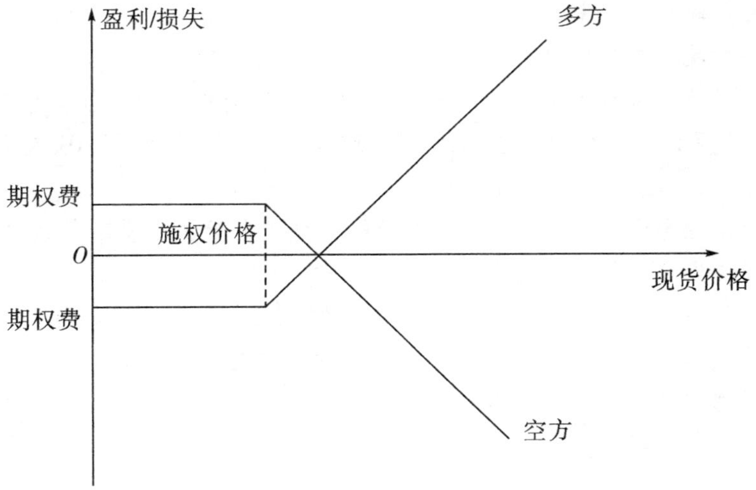

图4.1 价格关系——看涨期权

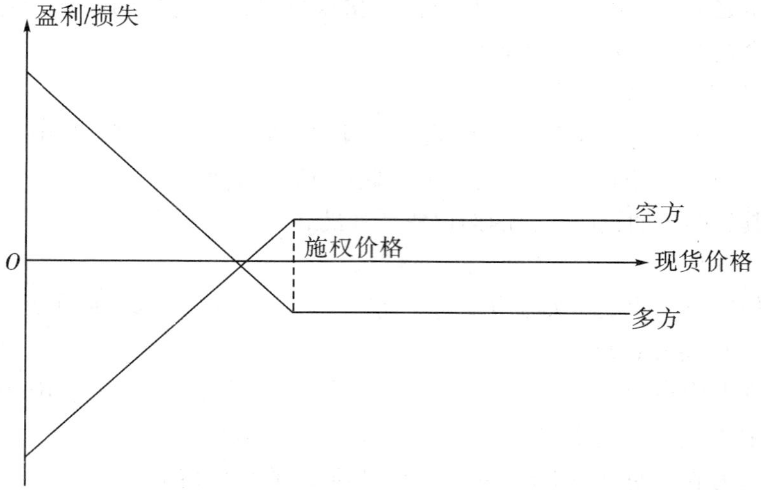

图 4.2 价格关系——看跌期权

知识补充

期权的内在价值和时间价值

内在价值：马上履行合同所产生的结果。它取决于当前市场的现汇价格与协议价格之间的差额。

买进期权：内在价值=市场价格-协议价格

卖出期权：内在价值=协议价格-市场价格

期权合约的内在价值可能为正，也可能为零或负。

平值期权：市场价格等于协议价格的期权。

实值期权：执行某一期权可以立即获得一定的收益的期权。

虚值期权：执行某一期权可以立即带来一定亏损的期权。

例如，一份协议价格为 1 英镑=1.45 美元的看涨期权合约，若当前市场的汇率为 1 英镑=1.46 美元，则合约的内在价值为 1.46 美元-1.45 美元=0.01 美元，则这份期权为实值期权。

时间价值：在合同到期之前，交易资产的价格发生变化，预期产生的合同的价值。它等于期权费减期权合约的内在价值。

例如，一份协议价格为 1 英镑=1.45 美元的看涨期权合约，期权费为 0.03 美元。若当前市场的汇率为 1 英镑=1.46 美元，则合约的内在价值为 1.46 美元-1.45 美元=0.01 美元；期权的时间价值为 0.03 美元-0.01 美元=0.02 美元。值得注意的是，合约的时间价值是一个预期值，合约的价值等于内在价值与时间价值之和。

价格

行权价格（Exercise Price）：根据合约的规定，期权的买方执行交易的约定交割价格。

现货价格（Spot Price）：交割商品在现货市场上的价格。

期权费（期权价格，Option Premium）：期权的买方在订立合约时向卖方支付的价格。

期权价值（Option Value）：期权本身的实际价值。

四、外汇互换

（一）互换交易的概念

互换交易是指约定的两个或两个以上的当事人，以商定的条件，在约定的时间内，交换他们之间由资产或负债产生的现金流的流入和流出的合约。

（二）互换交易有两种基本形式

1. 货币互换

货币互换是指双方按固定汇率在期初交换两种不同货币的本金，然后按预先规定的日期，进行利息和本金的分期交换（如图 4.3、图 4.4 所示）。

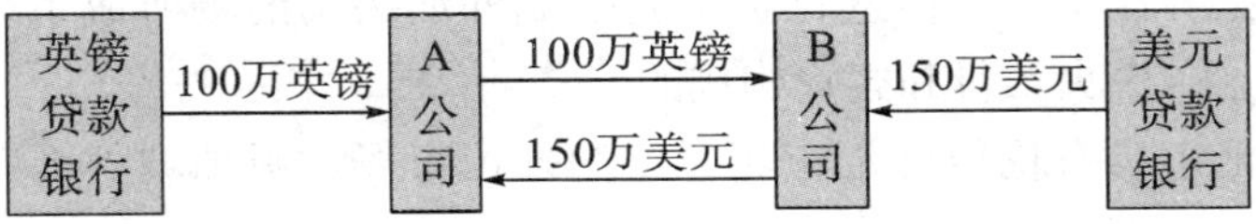

图 4.3　期初本金互换

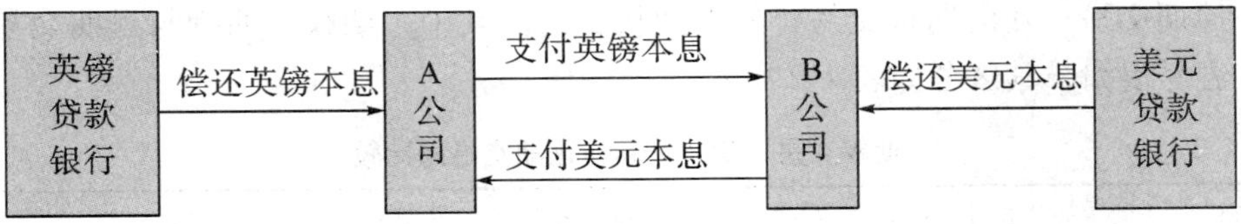

图 4.4　期中和期末本金与利息的偿付

货币互换交易可以避免汇率风险，赚取外汇溢价；可以在某种受限制的货币市场以外获取该种货币的供应，避免债务币种过于集中；可以降低借贷成本。但是，货币互换交易存在机会成本和信用风险。

2. 利率互换

利率互换是指两个单独的借款人从两个不同的贷款机构借取了同等金额、同样期限的同种货币贷款，双方约定互为对方支付利息的金融交易。

例如，在市场上有两家不同信用级别的公司，其筹资条件如表 4.1 所示。

表 4.1　筹资条件

	高信用等级公司	低信用等级公司	利差
固定利率	14%	17%	3%
浮动利率	6 个月伦敦同业拆借利率(LIBOR,下同)+1%	6 个月 LIBOR+2%	1%

由于高信用级别公司与低信用级别公司固定利率和浮动利率的借贷优势有差别，故借助利率互换降低筹资成本是可能的。一般来讲，高信用等级公司应在有较大优势

的市场筹资，通过互换获取较小优势市场的借款。

若上述两家公司商定由高信用等级公司筹借固定利率借款，成本为14%，并以支付6个月期LIBOR的浮动利率与低信用等级公司进行互换。经过互换，其结果如下：

高信用等级公司：支付浮动利率，成本为6个月期LIBOR，比其直接筹资成本降低1%。

低信用等级公司：实际筹资成本为14%+6个月期LIBOR+2%-6个月期LIBOR=16%（比其直接筹资成本，即17%降低1%，并且为固定利率）。

利率互换交易使交易双方降低融资成本，避免汇率波动风险，可以调整现有利率结构，优化资产负债表，并且手续简便。但是，利率互换交易存在机会成本和信用风险。

本章小结

外汇市场是指外汇交易主体进行货币兑换成外汇买卖的场所或系统，它是由外汇银行、外汇经纪人、中央银行和客户构成的。

世界主要外汇市场有伦敦外汇市场、纽约外汇市场、新加坡外汇市场、东京外汇市场、香港外汇市场等。

外汇交易品种繁多，常见的包括即期外汇交易、远期外汇交易、套汇交易、套利交易、掉期交易、外汇期货交易、外汇期权交易。其中，期权、期货与远期交易概念相近，容易混淆，其区分如表4.2所示。

表4.2 期权交易、期货交易与远期交易的比较

内容	远期交易	期货交易	期权交易
合约	非标准化	标准化	标准化
交易币种	无限制	少数几种国际货币	少数几种国际货币
报价方法	按交易所需币种报价	美元报价	美元报价
交易方式	电话、电传	公开竞价	公开竞价
价格波动	无限制	无限制	有限制
交割日期	买卖双方协定	标准化	美式期权可在到期日之前任何时间交割
保证金	是否交保证金由银行决定	买卖双方均交保证金	买方支付期权费，卖方交保证金
交易性质	买卖双方都有履约义务	买卖双方都有履约义务	买方有是否履约的权利，卖方有按买方要求履约的义务

复习思考题

1. 试列举各主要货币的国际标准三字符代码。
2. 即期外汇交易是如何报价的?
3. 什么是远期外汇报价?
4. 试举例说明如何进行直接套汇。
5. 外汇期货合约的主要内容是什么?
6. 远期外汇合约、外汇期货及外汇期权有何区别?
7. 请画出看涨期权、看跌期权的盈亏图,并说明期权买卖双方的损益情况。

实训操作

到任何一家可以从事外汇交易的银行了解我国目前即期外汇交易的外币种类以及外汇兑换人民币的相关规定。

第五章　国际金融市场

学习目标

- 掌握国际金融市场的含义
- 熟悉国际金融市场的分类方法
- 掌握国际资本市场的构成
- 掌握欧洲货币市场的含义与特点

专业术语

国际金融市场　国际货币市场　欧洲货币市场　国库券
大额可转让定期存单　外国债券　欧洲债券　国际股票　欧洲股票

案例导入

"乌龙指"事件

金融市场中的"乌龙指"事件是指交易员、操盘手、股民等在交易的时候，不小心敲错了价格、数量、买卖方向等事件的统称。历史上曾出现了多起"乌龙指"交易，这些"乌龙指"使得有人赚了大钱，也使得有人血本全无。

日本瑞穗证券"乌龙指"敲乱日本股市

2005 年 12 月 8 日，日本瑞穗证券公司一经纪人在交易时出现重大操作失误，引发投资者恐慌并导致证券类股票遭遇重挫，东京证券交易所陷入混乱。这个错误发生在当天上午开盘后不久。这名经纪人接到一客户委托，要求以 61 万日元（约合 4.19 万元人民币）的价格卖出 1 股 J-Com 公司的股票，但这名交易员把指令输成了以每股 1 日元的价格卖出 61 万股 J-Com 公司的股票。

等到瑞穗证券公司意识到这一错误，55 万股 J-Com 公司的股票的交易手续已经完成。为挽回错误，瑞穗证券公司发出大规模买入指令，这又带动 J-Com 公司的股票出现快速上升，到当日收盘时该股票已涨到 77.2 万日元（约合 5.3 万元人民币）。回购股票的行动使瑞穗证券公司蒙受了至少 270 亿日元（约合 18.5 亿元人民币）的损失。

其他"乌龙指"事件

美国东部时间 2010 年 5 月 6 日下午 2 时 47 分，一名交易员在卖出股票时敲错了一个字母，将"百万"误打成"十亿"，导致道琼斯指数突然出现千点暴跌。

2007 年 12 月 3 日，南玻 A 发布关于股东买卖公司股票的公告，公司股东在减持公司股票过程中现"乌龙指"，但是该交易未产生收益。

2008 年 9 月 25 日，广电运通公司股东梅州敬基金属制品有限公司错把“卖出”操作成“买入”，损失人民币 23 770. 8 元。

2007 年在大股东减持风流行的时候，重庆港九、鑫新股份、霞客环保、山东海龙、创兴科技、华神集团、泰豪科技、佛塑股份等多家上市公司均出现过股东在大量抛售解禁股过程中又小额买入股票，后公告均称是操作失误。

光大证券“乌龙指”事件让股市异常上涨

2013 年 8 月 16 日，光大证券公告称公司自营业务系统出现问题，公司正在进行核查。光大证券发布公告称公司策略投资部门自营业务在使用其独立的套利系统时出现问题，公司正在进行相关核查和处置工作。公司其他经营活动保持正常。

【启示】在瞬息万变的国际金融市场上每时每刻都发生着故事，国际金融市场的各种交易活动直接反映世界经济活动的变化，国际金融市场的运转变化对世界经济运行的影响日益显著。

伴随着经济全球化、国际经济一体化和现代通信技术的发展，国际资金流动的规模逐渐超过国际贸易额，从而形成了日趋庞大的国际金融市场。国际金融市场是全球黄金交易、外汇交易、证券交易和资金借贷等国际金融业务活动的场所，是国际金融体系的重要组成部分。国际金融市场的各种交易活动直接反映世界经济活动的变化，国际金融市场的运转变化对世界经济运行的影响日益显著。

第一节 国际金融市场概述

一、国际金融市场的形成与发展

（一）国际金融市场的形成途径

1. 自然演进型

国际金融市场是由国内金融市场逐步发展起来的，这一类型市场的特点是都经历了由地方性金融市场到全国性金融市场再到国际金融市场的三个阶段。这一类型的市场主要集中在欧洲，以伦敦国际金融市场为主要代表。

2. 人工创造型

国际金融市场是依靠优越的地理位置和实行各种优惠政策人为建立起来的。新加坡国际金融市场是这一类市场的典范，新加坡已成为全球第四大金融中心，仅次于伦敦、纽约和东京。

（二）国际金融市场形成与发展过程

1. 传统国际金融市场的形成

第一次世界大战以前，英国的自由资本主义迅速发展，并不断扩张海外殖民地。英国掌握了海上霸权，使得英国发展成世界最大的工业强国。同时，英国的政局较稳定，其中央银行——英格兰银行于1694年正式成立，遍布世界各国和主要地区的银行代理关系逐渐建立，银行结算和信贷制度不断完善。再加上英国掠夺和积累了巨额财富，与世界各国贸易联系广泛，英镑币值稳定，英镑成为当时世界上主要国际结算货币和储备货币，伦敦也就成为世界最大的国际金融市场。

第二次世界大战以后，英国经济受到重创，伦敦国际金融市场的地位大大削弱，美元成为最重要的国际结算货币与储备货币。大量的国际借贷和资本筹措集中在纽约，纽约成为世界最大的国际金融市场。西欧各国经济遭受战争破坏的情况类似于英国，只有瑞士仍继续保持瑞士法郎的自由兑换，同时自由外汇交易和黄金交易也相当活跃，从而加速了苏黎世金融市场的发展。因此，伦敦、纽约、苏黎世成为并立的世界三大国际金融市场。

2. 欧洲货币市场的形成与发展

二战后，布雷顿森林体系的建立使美元成为主要的国际支付手段。1950年以后，美国国际收支持续出现巨额逆差，大量美元流往境外，形成了境外美元市场，即欧洲美元市场。逐渐地，欧洲的德国马克、法国法郎、荷兰盾以及其他境外货币也出现在了这一市场，从而使欧洲美元市场发展为欧洲货币市场。

欧洲货币市场的出现，体现了信贷交易的国际化趋势，为国际金融中心的分散创造了有利且重要的前提条件。国际金融市场从传统的国际金融中心迅速扩散到巴黎、法兰克福、卢森堡、新加坡、中国香港等地区，而且像巴哈马、开曼群岛和中东的巴林等一些原来在国际金融市场上并不重要的地区，因为金融管制较松、低税收等优惠政策而相继成为具有一定重要性的离岸金融中心。

3. 新兴国际金融市场的兴起

20世纪80年代以后，新兴工业国家经济迅速发展。西方主要国家或地区普遍掀起了以放松金融管制为主要内容的金融自由化和金融全球化的改革浪潮。新兴国际金融市场主要分布于墨西哥、阿根廷、巴西、新加坡、韩国等国家以及中国台湾、中国香港等地区。

（三）国际金融市场的形成条件

国际金融市场的形成，必须具备以下主要条件：

（1）市场所在地国家有稳定的政治经济环境。

（2）金融制度完善，信用制度发达，管理制度健全，银行和金融机构集中，拥有较发达的国内金融市场。

（3）具有良好、宽松的金融环境，实行自由外汇制度，没有或很少有外汇管制以及其他金融限制（如存款准备金、利率、信贷活动、存款保险等），非居民从事金融活动不受限制并能和居民享有同等的待遇。

（4）地理位置得天独厚，国际交通十分便利，拥有现代化的国际通信系统和完善的金融服务设施。

（5）具有高级金融专业知识和银行实务经验的高水平专业人才，提供高质、高效服务。

二、国际金融市场的含义

国际金融市场是指在国际范围内，进行资金融通、证券买卖以及有关金融业务活动的场所。国际金融市场由经营国际货币信用业务活动的一切金融机构组成，是国际金融领域内各种金融商品交易市场的总和。

当金融市场上的资金借贷关系或金融关系和场所是发生在本国居民之间，不涉及任何其他国家居民，而且实现这种关系的场所也处在本国境内就是国内金融市场；当金融市场上的资金借贷关系或金融关系涉及本国与他国之间、居民与非居民之间或非居民与非居民之间，或者实现这种关系的场所是在一国（货币发行国）国境之外（如离岸金融市场）就是国际金融市场。

广义的国际金融市场是指具有国际金融业务活动的关系的总和，包括货币市场、资本市场、外汇市场、黄金市场、金融衍生工具市场。

狭义的国际金融市场是指国际资金借贷或融通关系的总和，即国际资金市场。其按资金借贷的期限不同分为短期资金市场（货币市场）和长期资金市场（资本市场）。

三、国际金融市场的类型

（一）传统的国际金融市场

传统的国际金融市场是从事市场所在国货币的国际借贷，并受市场所在国政府政策与法令管辖的金融市场。这种类型的国际金融市场经历了由地方性金融市场到全国性金融市场，最后发展为世界性金融市场的发展过程。它由一国的金融中心发展为世界性金融市场是以其市场所在国强大的工商业、对外贸易与对外信贷等经济实力为基础的。例如，伦敦、纽约、巴黎、东京、法兰克福、米兰等都属于这类国际金融市场。

传统的国际金融市场又称在岸金融市场（Onshore Financial Market），其主要特点如下：

（1）其以市场所在国发行的货币为交易对象。

（2）交易活动一般是在市场所在国居民与非居民之间进行。

（3）该市场要受到市场所在国法律和金融条例的管理和制约，各种限制较多，借贷成本较高。

（二）新型的国际金融市场

新型的国际金融市场指二战后形成的欧洲货币市场，又称离岸金融市场（External Financial Market），是在传统的金融市场基础上形成的。新型的国际金融市场具有如下特征：

（1）其以市场所在国以外国家的货币即境外货币为主要交易对象。

（2）交易活动一般在市场所在国的非居民与非居民之间进行，即交易关系是外国贷款人和外国借款人之间的关系。

（3）资金融通业务基本不受市场所在国及其他国家法律、法规和税收制度的管辖。

值得注意的是，欧洲货币市场分布于全世界，“欧洲”不是地理意义上的欧洲，而被赋予了经济上的意义，是“境外”和“货币发行国管辖之外”的意思。欧洲货币市场的出现，标志着国际金融市场的发展进入了新阶段，并逐渐成为当今世界金融市场的核心。

四、国际金融市场的特点

（一）市场主体的广泛性

国际金融市场的活动领域超越国界，其借贷关系涉及境外居民或国外居民，在居民与非居民、非居民与非居民之间发生借贷关系。

（二）金融管制放松

国内金融市场必须受到货币当局的直接干预，而国际金融市场受到所在国的干预较少，交易活动受所在国法律制度的约束力较少。尤其是新兴的离岸金融市场，几乎不受任何国家法律的约束。

（三）全球市场一体化

按时区排列，伦敦—纽约—香港—伦敦，形成了一个日夜不停的全球性金融市场。

（四）信用风险大

银行吸收短期资金发放长期贷款，资金的来源与运用期限结构不对称，中长期贷款先贷款然后借入，贷放金额大，并且大多是信用贷款，缺乏抵押保证。借款人把借到的资金连续转手，银行对实际用款人的情况难以把握。

（五）影响波及范围广

某一市场上出现的任何波动，都会迅速地在其他各个市场上反映出来，带来巨大的冲击和影响，从而导致一个国家的经济危机激化，使货币当局的政策难以产生预期的效果。

五、国际金融市场的构成

（一）货币市场

货币市场是经营期限在一年或一年以内的借贷资本市场。国际货币市场的主要业务包括银行短期信贷、短期证券、票据贴现。一般来说，国际货币市场的中介机构包括商业银行、票据承兑行、贴现行、证券交易商和证券经纪人。

1. 银行短期信贷市场

银行短期信贷市场主要包括银行对外国企业的信贷和银行同业拆放市场。前者主要解决流动资金的需要，后者主要平衡银行在一定时期内的资金余缺。

2. 贴现市场

贴现市场是经营贴现业务的短期资金市场。贴现是银行购买未到期票据业务，银行根据票面金额扣除自贴现日到票据到期日期间的利息，而给予票据持有者资金融通的一种业务。贴现的票据主要有国库券、银行债券、公司债券、银行承兑票据和商业承兑票据。贴现率一般高于银行利率。贴现行或从事贴现的银行可以用经贴现后的票据向中央银行要求再贴现。中央银行利用这种再贴现业务来调节信用，调节利率，进而调节宏观金融。

3. 短期证券市场

短期票据市场是进行短期证券交易的场所。其主要交易对象如下：

（1）国库券。国库券是指一国政府为满足季节性财政需要而发行的短期政府债券。国库券是美国证券市场上信用最好、流动性最强、交易量最大的交易手段，期限一般为3个月或6个月。国库券通常以票面金额打折的方式和拍卖的方式推销。

（2）商业票据。商业票据是指一些大工商企业和银行控股公司为筹措短期资金，凭信用发行的、有固定到期日（以270天居多）的短期借款票据。

（3）银行承兑汇票。银行承兑汇票主要是出口商签发的，经银行背书承兑保证到期付款的汇票。这种汇票期限一般为30~180天，90天居多，面值无限制。

（4）可转让的银行定期存款单。可转让的银行定期存款单（Certificate of Deposit，CD）是商业银行和金融公司为吸收大额定期存款而发给存款者的存款单。存款单不记名并可在市场上自由出售，存款单利率与伦敦银行同业拆放利率（LIBOR）大致相同。因此，投资于存款单，既可获定期存款利息，又可随时转让变为现金，深受投资者欢迎。

（二）资本市场

资本市场是经营期限在一年以上的中长期信贷市场。市场参与者主要有银行、公司、证券商及政府机构。资本市场的主要业务有银行中长期贷款和证券交易。

1. 银行中长期借贷市场

这一市场主要是政府机构（包括国际经济组织）和跨国银行向企业提供中长期资金融通，用于满足后者固定资本投资的资金需要。政府贷款一般是一种约束性贷款，期限长、利率低、往往附有一定的条件。

2. 证券市场

证券市场是以有价证券为经营、交易对象的市场。证券市场通过证券的发行与交易，来实现国际资本的借贷或投资。证券市场分为发行市场和交易市场。

证券发行市场是新证券发行市场，也称一级市场或初级市场。工商企业、银行、金融机构或政府通过发行市场，将证券销售给投资者，以达到筹集资金的目的。

证券交易市场是已发行证券的流通市场，包括证券交易所和场外交易市场。交易所内买卖的证券是上市证券，场外交易市场买卖的多为不上市的证券，由证券商在其营业所自营或代客买卖。

（三）国际外汇市场

国际外汇市场是进行国际性货币兑换和外汇买卖的场所或交易网络，是国际金融市场的核心之一。现代电子通信技术的广泛应用使得世界各外汇市场的交易都可以通过电传、电报、计算机网络进行。国际外汇市场的交易主要发生在银行之间，因此国际外汇市场实际上主要是银行之间的货币买卖市场。通过电子手段，全世界各个时区的外汇市场24小时不间断地运作，紧密地联系在一起。

（四）国际黄金市场

国际黄金市场是世界各国集中进行黄金交易的场所，既是国家调节国际储备资产的重要手段，也是居民调整个人财富储藏形式的一种方式。国际黄金市场分为实物黄金市场和期货期权市场两个部分，两个市场通过套利活动紧密联系在一起，期货期权的价格归根到底是由实物黄金市场上供求关系的变化决定的。目前世界上有五大国际黄金市场，即伦敦国际黄金市场、苏黎世国际黄金市场、纽约国际黄金市场、芝加哥国际黄金市场和中国香港国际黄金市场，其市场价格的形成及交易量的变化对世界上其他市场有很大影响。

（五）金融衍生工具市场

金融衍生工具是一种交易者转嫁风险的双边合约，其价值取决于基础市场工具或资产的价格及其变化。金融衍生工具市场主要有金融远期合约市场、期货市场、期权市场、互换市场等。

六、国际金融市场的作用

（一）国际金融市场的积极作用

1. 调节各国的国际收支

有国际收支顺差的国家，将其外汇资金盈余投放于国际金融市场；而有国际收支逆差的国家，则越来越依赖国际金融市场的贷款弥补国际收支逆差。

2. 促进世界经济全球化大发展

国际金融市场为各国经济发展融通资金，为资本短缺国家利用外资扩大生产规模提供了便利，促进了经济国际化的发展，促进了金融业的国际化发展。

（二）国际金融市场的消极作用

国际金融市场导致国际资本在国际上充分流动，使当前国际资本流动达到了空前规模，但也带来了负面效果。大量国际资本同时流向一个国家时，必然导致流入国货币供应量增加，引发通货膨胀，冲击该国货币政策的执行效果，甚至会加剧国际金融市场的动荡不安。

第二节　欧洲货币市场

第二次世界大战后，科学技术的发展大大促进了全球的生产国际化和资本国际化。传统的国际金融市场已经不能适应这种国际化的趋势，因此一个不受各国金融法规管制、资金规模巨大的新型国际金融市场应运而生，即欧洲货币市场。

一、欧洲货币市场的含义

欧洲货币又称境外货币，是在货币发行国境外流动的货币。最早出现的欧洲货币是欧洲美元，以后逐渐出现了欧洲英镑、欧洲日元等。

欧洲货币市场也称离岸金融市场，是指能够交易各种境外货币，既不受货币发行国政府法令管制，又不受市场所在国政府法令管制的金融市场。若一个国际借款人在纽约市场借美元，这是纽约美元市场业务，属于传统的国际金融市场业务。若其在美国境外市场上的有关银行借美元（这就是境外美元），就构成欧洲货币市场（欧洲美元市场）业务了。

欧洲货币市场是当代国际金融市场的核心，其中最为重要的中心是伦敦，还有纽约、东京、法兰克福、香港等。

理解欧洲货币市场的含义需要注意以下几点：

第一，所谓欧洲货币，是指货币发行国境外流通的货币。欧洲货币并非指一种专门的地理概念上欧洲的货币，而是泛指所有在发行国之外进行借贷的境外货币。如在美国境外作为借贷对象的美元即为欧洲美元，在日本境外作为借贷对象的日元即为欧洲日元。

第二，欧洲货币市场并不限于欧洲各金融中心。欧洲货币市场起源于欧洲，以伦敦为中心，现在已逐渐向亚洲、北美洲和拉丁美洲等地区扩散。1981 年，美国政府批准“国际银行业务设施”法案正式生效，允许美国银行在本国境内从事欧洲货币业务，纽约便成为美国境内第一个欧洲货币市场。因此，欧洲货币市场已经突破欧洲的地理概念，而泛指世界各地的离岸金融市场。

第三，欧洲货币市场并不限于货币市场业务，还经营中长期信贷业务和欧洲债券业务。

二、欧洲货币市场的形成和发展的原因

二战后，新技术革命的出现推动了世界生产和资本的国际化，而生产和资本的国际化又促进了金融市场的国际化，这是欧洲货币市场产生和发展的根本原因。

欧洲货币市场的形成归结起来主要有以下几点原因：

（一）美国的金融管制政策

20 世纪 60 年代，美国为了扭转日益恶化的国际收支状况，一直推行节制资本外流的政策，如“利息平衡税”《自愿限制对外指导方针》《国外直接投资法规》“Q 条例”等政策的实施，迫使越来越多的美国及外国的跨国公司在筹资时，依赖于欧洲货币市场。美国银行为了不失去在国际信贷业务中获利的机会，也在国外建立大量的分支机构，为大部分国际金融业务从美国转移到境外起到了促进作用。

（二）德国、瑞士等国家的倒收利息政策

1958 年后，当时的德国马克、瑞士法郎一直趋硬，一些外国人纷纷将本币换成德马克或瑞士法郎存于德国或瑞士，这样加剧了德国和瑞士的通货膨胀。为此，德国、

瑞士货币当局对非居民的本币存款，采取倒收利息政策，减缓本国通货膨胀的压力。这种政策使非居民将所持德国马克或瑞士法郎从德国或瑞士抽走，转存于伦敦或卢森堡，这不仅可以避免因德国、瑞士货币当局倒收利息而受到的损失，同时一样可以获得该货币升值的利益。大量德国马克、瑞士法郎存于其国境以外，这是欧洲货币市场集结大量欧洲货币的一个重要原因。

（三）美国对境外美元的存在采取放纵的态度

境外美元的出现是逃避美国金融政策法令的一个结果，但美国当局对此又采取了纵容的态度。二战后直到1971年8月15日以前，美国对外国政府或中央银行承担美元纸币兑换成黄金的义务。大量美元在美国境外辗转借贷存储，无须换成外币，这就减少了流入外国中央银行或政府的可能性，从而减轻了美国政府兑换黄金的压力，对美国减少黄金储备有缓冲作用，并为美国转嫁其通货膨胀开辟了新途径。

（四）西欧国家的外汇管制放松

从20世纪50年代以来，美国的长期国际收支逆差使西欧国家增加了大量的美元外汇储备。西欧国家外汇管制的放松、实现货币的自由兑换、资金可以自由流动，为储存各国的境外美元和其他境外货币的自由流通创造了必不可少的条件。

三、欧洲货币市场的特点

欧洲货币市场是一种完全国际化的金融市场，由于其经营的是境外货币，其有如下特点：

（一）管制放松

欧洲货币市场是一种超国家或无国籍的资金市场，作为离岸金融市场，欧洲货币市场既不受市场所在国法律法规的管制，也不受交易货币发行国金融条例的约束。

（二）存贷款利差低于传统国际金融市场

欧洲货币市场有独特的利率结构，其利率体系的基础是伦敦银行间同业拆放利率。由于欧洲银行不用缴纳存款准备金，并且不受存款利率上限的限制，所以存款利率略高于货币发行国国内存款利率，贷款利率略低于货币发行国国内贷款利率。存贷款利差一般是0.25%~0.5%，甚至有时低于0.125%，大大低于传统市场。因此，欧洲货币市场的存贷业务更具有竞争力。

（三）币种选择自由，资金调拨方便

欧洲货币市场上交易的货币是境外货币，币种较多，大部分都是可完全自由兑换的货币，并且以银行间交易为主，银行同业间的资金拆借占比很大。欧洲货币市场是一个货币批发市场，每笔交易数额很大，少则数万美元，多则数亿美元。对于银行来说，由于贷款的数量非常大，所以利润相当可观；对于客户来说，由于融资成本较低，所以便于筹集资金。欧洲货币市场银行机构林立，业务经营丰富，融资类型多样，通信发达，银行网络遍布世界各地，资金调拨非常方便。

（四）税费负担少

欧洲货币市场税负较轻，银行机构各种服务费平均较低，从而降低融资者的成本负担。

（五）国际金融的脆弱性和风险性明显加大

金融创新使金融业务操作便利、速度快捷、交割灵活、成交额大，从而对投机产生了巨大的诱惑力。衍生工具具有以小博大的高杠杆效率，蕴藏着巨大的潜在风险。目前国际金融监管体制还比较落后，银行业务的表外化更增添了其监管的难度，因此金融衍生工具一旦过度使用，就会带来巨大的风险，甚至成为金融灾难的策源地。

四、欧洲货币市场的类型

欧洲货币市场按其境内业务与境外业务的关系可分为以下三种类型：

（一）一体型

一体型，即境内金融市场与境外金融市场的业务融为一体。离岸资金可随时转换为在岸资金和国内资金，而在岸资金可随时转换为离岸资金。在岸业务和离岸业务之间没有严格的分界。伦敦市场和中国香港市场即属于此类型。

（二）分离型

分离型，即境内业务与境外业务分开，居民的存贷业务与非居民的存贷业务分开。分离型的市场有助于隔绝国际金融市场资金流动对本国货币存量和宏观经济的影响。日本东京的海外特别账户和新加坡的亚洲货币账户均属于此类型。

（三）走账型或簿记型

走账型或簿记型市场没有或几乎没有实际的业务交易，而只是起着其他市场资金交易的记账和划账的作用，目的是逃避税收和管制。

五、欧洲货币市场的参与者

（一）商业银行

商业银行是欧洲货币市场的中枢神经。它们既是借款者又是贷款者，把吸取的巨额存款转贷给欧洲银行；它们通过在国外市场上筹集和运用资金，把欧洲货币与各国国内金融市场连为一体。同时，欧洲货币市场上发达的银行同业拆借市场也为各国银行调整流动性资金提供了方便。

（二）公司

欧洲货币产生之初，能够借入欧洲货币的公司仅限于那些名气、规模和信誉一流的公司。近几年来，由于欧洲货币市场上的可贷资金增加以及对国外企业提供的贷款大多由外国银行担保，因此大量不知名的企业也跻身于欧洲货币市场。

（三）政府

政府部门也是欧洲货币市场的重要借款者，其借款目的主要是基础设施建设和弥补国际收支逆差。

（四）国际性组织

世界银行及其附属机构、各种区域性开发银行以及欧盟的有关机构也是欧洲货币市场上的参与者。

（五）个人

虽然个人投资者在欧洲货币市场上参与较少，但一些富有的投资者仍发挥着重要作用。近年来，由于欧洲货币市场上的金融工具品种增多了，灵活性也增强了，个人投资于欧洲商业票据和伦敦美元可转让定期存单等的积极性也有了很大提高。

六、欧洲货币市场的业务

参与欧洲货币市场业务经营的主要有各国的工商企业和跨国公司、各国商业银行及其境外分支机构、跨国银行和国际银行、各国中央银行和外汇投机者。其中，各国工商企业和跨国公司是欧洲货币市场最基本的资金供求者。

（一）资金来源

欧洲货币市场的资金来源由各种形式的存款组成。

1. 定期存款

定期存款的利息率是固定的，期限通常很短，欧洲银行存款中大约70%的存款期限短于3个月。20世纪70年代后，浮动利率的定期存款出现，每3个月或6个月根据市场利率做调整。

2. 可转让欧洲货币存单

可转让欧洲货币存单是银行发行的标明金额、期限、利率的存款凭证，可在未到期前在二级市场进行转让。欧洲美元存单是1966年由美国第一花旗银行在伦敦发行的。

3. 浮动利率存款

这种存款或票据在保证一个最低限度的利率水平的基础上进行市场利率浮动。这对担心市场利率上涨而受损失的存款者有较大吸引力。

（二）资金运用

1. 欧洲信贷市场

（1）短期信贷市场。欧洲短期信贷业务根据对信贷的需求主要分为两类：一类是银行与非银行客户（如跨国公司、工商企业）之间的信贷，称为欧洲商业信贷；另一类是银行与银行之间的信贷，称为银行间同业拆借。欧洲同业拆借交易起点较高，一般为10万美元。通常金额在500万~1 000万美元之间，有时还能达到5 000万美元。欧洲同业拆借交易期限较短，多数为1~7天，3个月、6个月或1年的拆借安排非常少见。

（2）中长期信贷市场。中长期信贷有两类：一类是贷款数量较小、单个银行就能承担的贷款，称为独家贷款；另一类是贷款金额大、期限长的贷款，单独一家银行无法提供，于是由多家银行组成的银行团来共同承担，这类贷款称为银团贷款。欧洲货币市场的商业银行中长期贷款主要是银团贷款。按照贷款银团组织形式的不同，银团贷款主要有辛迪加贷款和联合贷放两种形式。辛迪加贷款是指一般由一家银行牵头，与本国或其他几国的数家甚至是数十家银行，按照严格的法律程序组成的贷款银团发放的贷款。联合贷放则仅指一笔贷款交易由两家以上的银行或金融机构联合共同提供贷款，贷款人之间并未形成严格的法律关系。

2. 欧洲债券市场

国际债券市场分为以下两部分：

（1）外国债券。外国债券（Foreign Bonds）是指借款人在国外资本市场发行以发行国货币标价的债券。外国债券发行者是一个外国主体。最重要的外国债券市场包括纽约、东京、法兰克福和阿姆斯特丹市场。在美国市场承销和发行的非美国公司的债券称为扬基债券（Yankee Bonds）；在日本市场承销和发行的非日本公司的日元债券被称为武士债券（Samurai Bonds）；在英国市场承销和发行的非英国公司的英镑债券被称为猛犬债券（Bulldog Bonds）。

（2）欧洲债券。欧洲债券（Euro-Bonds）是指借款人在其他国家发行的非发行国货币标价的债券。这种境外债券是通常由一些国家的银行和金融机构的国际承销辛迪加出售，并由有关国家向投资人提供担保的中长期融资方式。

七、欧洲货币市场对世界经济的影响

（一）欧洲货币市场的积极影响

第一，欧洲货币市场作为国际资本转移的重要渠道，最大限度地解决了国际资金供需矛盾，促进了经济、生产、市场、金融的国际化。欧洲货币市场上的银行“存短放长”，解决了资金来源与运用的期限矛盾；通过使用国际上几种主要的自由兑换货币，解决了资金来源与运用的币种矛盾，使得来自各国的资金供给和需求得以间接地实现跨国转移。

第二，欧洲货币市场解决了某些国家国际支付手段不足的困难，在一定程度上缓解了国际收支失衡的问题。由于经济发展的不平衡，一些国家的国际收支出现较大差额。欧洲货币市场上资金流动速度较快、数额庞大，国际储备有余的国家和短缺的国家可互通有无，进行调剂，使国际收支困难得以缓和。

第三，欧洲货币市场推动了世界经济和国际贸易的发展。一些发展中国家，如墨西哥、秘鲁等国，利用欧洲货币市场资金，从西方工业国家进口大量生产设备与技术，推动了本国经济的发展。

第四，欧洲货币市场促进了国际资金流动和国际金融一体化的发展。欧洲货币市场为国际贸易融资提供了便利，为跨国公司、跨国银行提供了更充实的资金来源，对资本国际化起到了促进作用。

（二）欧洲货币市场的消极影响

第一，国际金融体系变得更加脆弱。欧洲货币市场上国际信贷的主要方式是借短贷长。作为欧洲银行业的主要资金来源，欧洲货币存款绝大部分是一年以下的短期资金。然而20世纪70年代以来，欧洲货币贷款多半是中长期的，金融市场一旦有任何不利消息传出，储户就有可能提存，银行就会面临流动性危机。同时，欧洲货币通过欧洲银行的多次转存，形成复杂的连锁借贷关系，若个别银行发生清偿困难或倒闭时，就会引起连锁反应。因为欧洲货币市场没有一个中央银行作为最后贷款人，所以这给国际银行体系的安全埋下了隐患。

第二，各国货币政策的实行受阻，在一定程度上削弱了各国货币政策的效力。各国货币政策的实施往往会因欧洲货币市场的存在而受到很大干扰。例如，当一国为抑制通货膨胀而采取紧缩的货币政策、调高国内利率时，国内银行和企业却容易地从利率较低的欧洲货币市场获得资金；同时，欧洲货币市场上的国际游资也会因该国的高利率而大量涌入，这就削弱了该国反通胀政策的效果。

第三，外汇投机加剧了金融市场的动荡。由于欧洲货币市场资金流动不受限制，有大量短期资金用于套汇、套利活动，导致大规模资金在几种货币之间频繁移动，从而加剧了有关汇率的波动，影响了国际金融市场和各国货币金融的稳定。

本章小结

国际金融市场是指资金在国际上进行流动或金融产品在国际上进行买卖和交换的场所。国际金融市场有狭义和广义之分，狭义的国际金融市场包括短期和长期资金市场；广义的国际金融市场包括国际货币市场、国际资本市场、国际外汇市场、国际黄金市场和金融衍生工具市场。

国际货币市场是国际短期货币金融资产进行交换的场所，融资期限在一年以内。国际货币市场融资具有期限短、资金周转速度快、数额巨大、金融工具流动性强、货币性较强、价格波动小、投资风险较低等特征。国际货币市场是国际金融市场的重要组成部分，主要包括国际银行短期信贷市场、短期证券市场以及票据贴现市场。

国际资本市场是国际长期资金融通的市场，即借贷经营期限在一年以上的中长期国际资金的市场。国际资本市场的主要业务有两大类：银行贷款和证券交易。其主要功能是为国际长期资金的流动提供渠道，将世界各国的闲置资金资源转化为国际性投资。

欧洲货币市场又称离岸金融市场，是指能够交易各种境外货币，既不受货币发行国政府法令管制，又不受市场所在国政府法令管制的金融市场。欧洲货币市场是一种完全国际化的金融市场，包括欧洲短期信贷市场、欧洲中长期信贷市场和欧洲债券市场。

复习思考题

1. 简述国际金融市场的基本构成。
2. 新型国际金融市场与传统的国际金融市场相比有哪些特点？

3. 简述国际货币市场的基本业务。

4. 什么是欧洲货币市场？欧洲货币市场的特点是什么？

5. 欧洲货币市场的积极与消极作用各有哪些？

实训操作

1. 分组讨论金融危机下国际金融市场的各个子市场受到了什么样的冲击以及各自的发展趋势有哪些？相关资料可查阅各类金融期刊或登录相关网站进行收集。

2. 了解人民币离岸市场的现状，从政策制定者的角度思考如何提高该市场的国际化程度，使我国经济进一步融入世界资本市场。

第六章　国际货币体系

学习目标

- 理解国际货币体系的概念及内容
- 了解国际金本位制的形式
- 掌握布雷顿森林体系的“两个挂钩”及影响
- 了解牙买加货币体系的作用
- 掌握欧元启动对国际金融的影响

专业术语

国际货币体系　金本位制　布雷顿森林体系　牙买加货币体系　欧洲货币体系

案例导入

1997 年 7 月爆发于泰国的金融危机成为自第二次世界大战以来持续时间最长、波及范围最广、影响最大的金融危机。

1992 年泰国对外资的流入放松限制，并采取泰铢和美元挂钩的固定汇率制。1997 年 2 月，以索罗斯为首的国际对冲基金开始对泰铢发动进攻。同年 7 月 2 日，泰国宣布泰铢跟美元脱钩、实行浮动汇率制，泰铢开始大幅贬值。金融危机拉开了序幕。

随泰国之后，菲律宾、马来西亚、印度尼西亚、新加坡等陷入危机之中。中国台湾地区放弃对台币的保卫，台币自动和美元脱钩，台币迅速贬值。

1997 年 11 月中旬，韩国金融市场崩溃。11 月 21 日，韩国求助于国际货币基金组织，并被迫接收该组织向其提供贷款的条件。

1998 年 6 月，日元大幅贬值。金融危机的波及面再次扩大，除东南亚国家和地区外，日元贬值造成的冲击波扩及拉丁美洲、欧洲和美国。

1998 年 8 月，俄罗斯再次爆发严重的金融危机，并引发了政治危机。

1999 年 1 月，巴西金融市场大幅动荡。国际货币基金组织及时提供 415 亿美元的资金援助，美国对巴西的金融局势也给予高度关注，将巴西金融危机的影响面控制在最小范围内。

不可否认，造成这场大规模金融危机的根本原因在于这些国家的经济结构存在缺陷、宏观经济发展政策存在失误。但是，在这其中国际货币体系也难辞其咎，突出表现在以下几方面：第一，从整体来看，国际货币体系未能跟上经济全球化发展的步伐，不能满足国际经济与金融形势的需要；第二，国际货币体系未能很好地组织国际金融合作；第三，国际货币体系对新形势下的金融危机缺乏足够的认识，对国际金融市场疏于监管，也未建立起预警机制，不能做到防危机于未然；第四，国际货币基金组织面对危机反应迟缓，如在控制危机至关重要的最初一段时间里，只派了两个专家小组协助泰国央行处理泰铢浮动的技术性问题，丧失了控制危机的最好时机；第五，提供给遭遇危机国家的建议忽视了不同国家的结构问题和社会现实，从而缺乏针对性和有效性，甚至起到了反作用。

【启示】金融危机再次警示我们，必须创造性地改革和完善现行国际货币体系，推动国际储备货币向着币值稳定、供应有序、总量可调的方向完善，才能从根本上维护全球经济金融稳定。

第一节 国际货币体系概述

一、国际货币体系的含义

国际货币体系（International Monetary System，IMS）又称国际货币制度，是指各国政府对货币在国际上发挥职能作用以及有关国际货币金融问题所确定的原则、协议，采取的措施和建立的组织形式。

国际货币体系包括三个层次：核心层、紧密层和松散层（见图 6.1）。其中，紧密层直接作用于核心层，松散层间接作用于核心层。

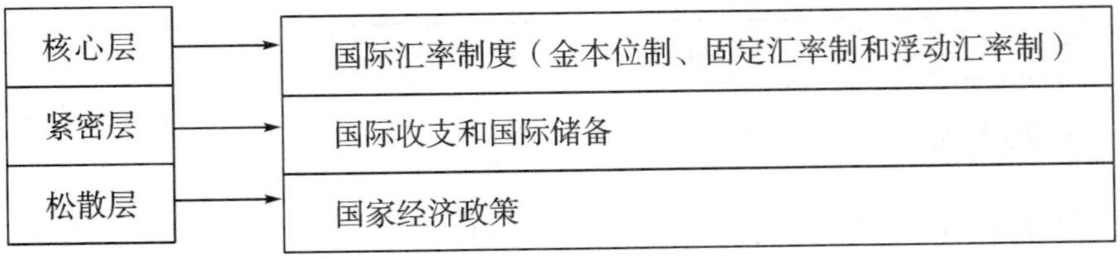

图 6.1 国际货币体系的层次

二、国际货币体系的内容

一般而言，国际货币体系主要包括以下几个方面的内容：

（一）确定关键货币作为国际货币

关键货币是指在国际货币体系中充当基础性价值交换工具的货币，是国际货币体系的基本要素。若一国对外支付不能使用本国的货币，则必须使用各国普遍接受的货币，即关键货币。只有确定了关键货币，才能进而确定各国货币之间的汇率、汇率调整及国际储备构成等。因此，确定关键货币，即确定该货币在货币体系内的地位，构成了国际货币体系的一项重要内容。

（二）确定各国货币之间的汇率

在国际货币体系中，要使关键货币维持其贸易清算支付及国际货币的地位，就必须确定各国货币之间的汇率。保证关键货币币值稳定，使其更好地流通取决于两个方面：一是关键货币与其价值基础间的联系；二是各国货币与关键货币汇率的波动幅度。

（三）确定国际储备资产

为满足国际支付和调节国际收支的需要，国际货币体系首先必须明确用什么资产作为储备货币，必要时用于干预外汇市场，稳定本币汇率。因此，确定国际储备资产也是国际货币体系的重要内容。

（四）确定国际收支的调节机制

国际收支是一国对外经济交易及其结果的系统记录。国际货币体系应确定国际收支的调节机制，帮助和促进国际收支出现不平衡的国家进行调节，并使各国在国际范围内公平合理地承担国际收支的调节责任。保证各国经济发展和世界经济的稳定，是国际货币体系的重要内容和重要任务。

三、国际货币体系的演变

（一）发展阶段

国际货币体系经过数百年的变革，才发展到现在的格局。按时间顺序可以分为以下几个阶段，如表 6.1 所示。

表 6.1　　国际货币体系演变

国际货币体系		时间	代表性国家	主要特征
国际金本位制时期	金币本位制	1880—1914 年	英国	汇率稳定，黄金物价流动机制
	金块本位制与金汇兑本位制	1918—1939 年	美国、英国、法国及其他国家	英镑区、法郎区、美元区等货币集团
布雷顿森林体系时期		1944—1973 年	以美国为中心	美元与黄金挂钩
牙买加货币体系时期		1976 年至今	美国的中心地位有所下降	国际储备多元化和浮动汇率制

（二）国际货币体系发展的原因

1. 国际生产关系的性质及其发展状况

这是国际货币体系演变的基础。国际金本位制同自由资本主义相适应。当时，资产阶级为了扩大世界市场而奔走于全球各地，这客观上要求有一个自由而稳定的国际货币体系，这样国际金本位制就应运而生了。

2. 世界经济发展的不平衡

这是国际货币体系演变的直接原因。在国际货币体系发展的每一个历史时期，基本上都有个别国家居于中心地位。国际金本位制时期是以英国为中心，布雷顿森林体系时期是以美国为中心，牙买加货币体系时期是美国、日本、西欧三足鼎立。

四、国际货币体系的作用

国际货币制度是历史的产物，同时也是各国之间利益与矛盾冲突协调的结果。它的形成对世界经济的发展和各国的国际货币行为起着重要的作用。

第一，明确了国际清算和支付手段的供应和管理原则。

第二，明确了国际收支的调节机制。

第三，确立了有关国际货币金融事务的协商机制并建立了相关协调监督机构。

第四，确立了多边支付制度，加速了世界经济一体化。

第二节 国际金本位制

国际货币体系是随着历史的发展不断演变的，不同的国际货币体系意味着各国在实现内外平衡时要遵循的准则不同。国际货币体系的发展体现了为适应不同的历史条件而对这些准则所进行的变革。从时间先后看，国际金本位制是最早出现的国际货币体系。

一、国际金本位制的概述

金本位制（Golden Standard）是指一国的本位货币（Standard Money）以一定量的黄金来表示的货币制度。本位货币是就一国货币制度的基准货币而言的。

金本位制是以黄金为本位货币的一种制度，它是各国自然选择的结果。19 世纪末 20 世纪初，大多数西方工业国家都进入了国际金本位制阶段。金本位制按其货币与黄金联系的程度划分为金币本位制、金块本位制和金汇兑本位制。

（一）金币本位制

1. 基本特点

（1）金币的形状、重量与成色由国家法令规定，金币可自由铸造、自由熔化。

（2）金币可以自由兑换，不受对象和数量限制。

（3）黄金可以自由输出、输入。

2. 基本内容

（1）黄金作为国际货币，成为各国之间债权和债务清偿的最终手段。

（2）各国货币的汇率由其含金量的比值来确定，汇率虽有波动，但幅度有限，受黄金输送点的限制。

（3）对国际收支平衡具有自动调节能力。

（二）金块本位制

金块本位制是指纸币有限兑换黄金的货币制度。这是因为货币的发行已经没有

100%的黄金准备，只有达到一定数额的纸币才能兑换黄金，本位货币价值虽仍与一定量黄金保持等价关系，但黄金的可兑换性受到削弱。

第一次世界大战爆发后，许多资本主义国家因战争影响，经济濒于崩溃。各国为防止黄金外流，相继停止黄金的自由兑换，禁止金币流通和黄金输出，放弃了金本位制。战争结束后，各国政府普遍重视国际货币体系的重建问题，但鉴于黄金储备严重不足且分配不均，典型的国际金本位制很难恢复。直到1924年，资本主义国家经济进入相对稳定时期，才相继恢复了名义上的金本位制——金块本位制。

其主要特点如下：

（1）金币仍作为本位货币，但市场不再流通和使用金币，而是流通纸币。

（2）国家储存金块作为储备。

（3）不许自由铸造金币，但仍以法律规定纸币的含金量。

（4）纸币不能自由兑换金币，但在国际支付或工业用金时，可按规定的限制数量用纸币向中央银行兑换金块（如英国在1925年规定一次至少兑换400盎司黄金，约值1 700英镑）。

（三）金汇兑本位制

金汇兑本位制又称为虚金本位制，实行这种制度的国家的货币同另一个实行金本位制国家的货币保持固定比价，然后将本国的一部分外汇和黄金储备存放在“货币联系国”的中央银行作为储备金。这体现了小国对大国（“中心国”）的依附关系。通过无限制买卖外汇维持金块本位国家货币的联系，即“盯住”后者的货币，这种货币制度实际上是一种带有附属性质的货币制度。

其主要特点如下：

（1）国家无须规定货币的含金量，市场上不再流通金币，只流通银行券。

（2）银行券不能兑换黄金，只能兑换实行金币或金块本位制国家的货币，这些外汇在国外才能兑换成黄金。

（3）实行金汇兑本位制的国家使其货币与另一实行金块本位制国家的货币保持固定汇率，通过无限制地买卖外汇来维持本国货币币值的稳定。

二、国际金本位制的共同点

国际金本位制是一种以一定质量和成色的黄金作为本位货币的货币制度，货币体系基础是黄金，各国货币按其含金量之比确定一个法定平价。因此，国际金本位制是一种各国货币根据黄金来确定比价的固定汇率制度。

（一）实行固定汇率制

由于金本位制下黄金可以自由输出和输入，所以汇率的波动始终维持在黄金输送点之间。若一旦市场汇率波动超过黄金输送点的话，人们很快会发现在偿还国际性债务的时候，使用黄金直接支付会比借助汇率兑换外汇更为便宜。因此，外汇的交易需求将会减少，将会促使汇率回到黄金输送点之间，由此保证金本位制的汇率稳定性。

（二）黄金执行国际支付手段和国际储备货币的职能

各国的储备货币都是黄金，黄金作为最终的清算手段，是“价值的最后标准”，充分发挥世界货币的职能。各国在国际结算当中也都使用黄金，而且金币可以自由铸造，银行券可自由兑换黄金，黄金可以自由输出和输入，各国一般不对黄金的流出和流入加以任何限制。

（三）国际收支自动调节

金本位制下各国的国际收支可以自发进行调节。这一自动调节规律被称为价格—现金流动机制。由于它是由古典经济学家大卫·休谟提出的，所以又被称为休谟机制。当一国国际收支不平衡时，会引起该国黄金的输出和输入，而黄金的流动又会使该国银行准备金发生变动，而银行准备金的变动将引起国内货币数量的变化，从而影响国内物价，物价的变动又会导致进出口变动，最后纠正国际收支的不平衡。

（四）国际金本位制是一个松散、无组织的体系

国际金本位货币制度中没有一个常设的固定机构来规范和协调各国的行为，也没有各国货币会议宣布成立金本位货币制度，只是各国自行选择的结果，即都通行金本位制，遵守金本位制的原则和惯例，因而构成了一个体系。

三、国际金本位制的作用与缺陷

（一）国际金本位制的作用

在国际金本位制下，黄金充分发挥了世界货币的职能，对国际经济的稳定发展起了重要作用。其作用具体表现以下方面：

第一，各国之间的汇率非常稳定。

第二，由于金本位制具有内在的自动调节机制，各国货币直接与黄金挂钩，而黄金可以自由买卖、自由输出和输入，物价与现金流动机制对国际收支不平衡的调节是渐进的自动调节过程。各国政府没有采取为对付外来冲击而给一国国内经济造成消极影响的突然性措施。

第三，国际金本位制通过国际收支不平衡产生的压力，对那些偏好于膨胀国内经济的政府施加了外部约束。

第四，国际金本位制对供求失衡的调节主要依靠市场的力量，从而使政府的干预降低到最低程度，避免了人为的政策失误。

第五，有利于各国经济政策的协调。

（二）国际金本位制的缺陷

国际金本位制促进了世界经济的发展，但随着世界经济规模的不断扩大，也暴露出一些弊端。

第一，金本位制下，黄金供求和分配的矛盾突出。

第二，金本位制度的自动调节机制是有限的。

四、国际金本位制的崩溃

国际金本位制的崩溃始于1929年爆发的世界经济危机，这场危机的导火线是美国纽约证券市场的崩溃。当时股价暴跌，导致金融全面紧缩，物价剧跌，尤其是原料价格下跌幅度最大。一些以原料生产为主的国家，黄金大量外流，迫使这些国家不得不放弃金本位制。

从19世纪末金币本位制的建立到第一次世界大战的前几年，金币本位制的运行比较顺利。

第一次世界大战前，一些国家为了准备战争，大量增发银行券，致使银行券自由兑换黄金难以实现。

第一次世界大战爆发后，各国停止银行券兑换黄金并禁止黄金流动。金币本位制自由铸造、自由输出入和自由兑换的三大特点被彻底破坏，因此金本位制宣告瓦解。

第三节　布雷顿森林体系

第二次世界大战以后，全球建立了一个以美元为中心的国际货币体系，即布雷顿森林体系，这个货币体系是英、美两国在国际金融领域争夺霸权的产物。

一、布雷顿森林体系的历史进程

第二次世界大战彻底改变了世界政治经济的局势，英国经济遭到严重破坏，而美国却成为世界上最大的债权国和经济实力最雄厚的国家。英、美两国都从本国利益出发，分别提出了自己的重建世界金融规划的计划。1943年4月7日，英、美两国政府分别在伦敦和华盛顿同时公布了英国财政部顾问凯恩斯拟订的“国际清算同盟计划”（凯恩斯计划）和美国财政部助理怀特拟订的“国际稳定基金计划”（怀特计划）。经过30多个国家的共同商讨，在美国的新罕布尔州的布雷顿森林小镇召开了由筹建联合国的44国政府代表参加的“联合国货币金融会议”（布雷顿森林会议）。布雷顿森林会议通过了《布雷顿森林协定》（包括《国际货币基金组织协定》《国际复兴开发银行协定》），从而确定了布雷顿森林体系。

二、布雷顿森林体系的主要内容

（一）建立一个永久性的国际金融机构——国际货币基金组织

国际货币基金组织是第二次世界大战后国际货币体系的核心，它的各项规定构成了国际金融领域的基本秩序，它对成员国融通资金，在一定程度上维持着国际金融形势的稳定。

（二）以美元作为最主要的国际储备货币，实行美元—黄金本位制

根据《布雷顿森林协定》的规定，美元与黄金直接挂钩，各国政府或中央银行随

时可用美元向美国按官价（每盎司黄金=35美元）兑换黄金；其他国家的货币与美元挂钩，规定与美元的比价，从而间接与黄金挂钩，进而决定各成员国之间的平价关系，即所谓的双挂钩制度，从而确定了美元的中心地位。储备货币和国际清偿力的主要来源是美元，美元既是美国本国货币，又是国际关键货币。因此，布雷顿森林体系下的国际货币制度就是以美元—黄金为基础的国际金汇兑本位制。

（三）实行可调整的固定汇率制度

国际货币基金组织规定，各成员国货币与美元的汇率如果发生波动，范围不得超过平价的±1%。除美国外，各成员国中央银行有义务维持本国货币同美元汇率的稳定，只有在国际收支出现根本性不平衡时，经国际货币基金组织批准才允许进行汇率调整。汇率平价的任何变动都要经过国际货币基金组织批准，这就是第二次世界大战后实行的可调整的盯住汇率制。但对什么是根本性的不平衡，国际货币基金组织则没有做出说明。

（四）国际货币基金组织向国际收支赤字国提供短期资金融通，以协助其解决国际收支困难

国际货币基金组织的成员国在需要国际储备时，可用本国货币向国际货币基金组织按规定程序购买一定数额的外汇，将来在规定的期限内以黄金或外汇购回本币的方式偿还借用的外汇资金。成员国向国际货币基金组织缴纳的份额越大，投票权越大，同时借款能力也就越强。由于第二次世界大战结束时大部分国家国际储备存量有限，所以国际货币基金组织基本上由美国控制。普通贷款是国际货币基金组织最基本的贷款，它只限于弥补国际收支赤字。

（五）取消对经常账户交易的外汇管制，但对国际资金流动进行限制

国际金本位制崩溃后，各国采取了严格的外汇管制，这使国际经济交流受到严重损害。为了改变这一状况，布雷顿森林体系要求各国尽快放开对经常账户交易的管制。但是，由于两次世界大战间国际资金流动的投机色彩特别浓厚，给国际货币体系的稳定带来了非常大的冲击，因此布雷顿森林体系允许对国际资金流动进行控制，各国均严格限制资金的国际流动。

三、布雷顿森林体系的作用与缺陷

（一）布雷顿森林体系的作用

布雷顿森林体系是在美国经济实力雄厚、拥有巨额国际收支顺差、黄金储备充足的条件下建立起来的。其积极作用表现以下方面：

第一，结束了国际货币金融领域里的混乱局面，稳定了国际金融秩序。

第二，促进了国际贸易和国际投资的发展，有助于国际资本流动和生产国际化的发展。

第三，美元作为国际本位货币，处于等同于黄金的地位，作为黄金的补充，弥补了国际收支清偿力的不足。

第四，在促进国际货币合作和建立多边支付体系方面也起到一定的作用。

（二）布雷顿森林体系的缺陷

布雷顿森林体系以黄金为基础、以美元为中心、美元与黄金两者互相等同的制度内容决定了其无法克服自身的下述缺陷而必然陷入困境。

1. 美元的双重身份和双挂钩制度

美元的双重身份和双挂钩制度是布雷顿森林体系的根本缺陷。布雷顿森林体系是建立在黄金—美元基础之上的，美元既是一国的货币，又是世界的货币。美元作为一国的货币，其发行必然受制于美国的货币政策和黄金储备；美元作为世界的货币，其供应又必须适应国际贸易和国际投资增长的需要。布雷顿森林体系规定了美元与黄金挂钩以及其他货币与美元挂钩的双挂钩制度，而黄金产量和美国黄金储备的增长却跟不上国际经济和国际贸易的发展，这必然导致美元出现进退两难的状况。

2. 国际收支调节机制的效率不高

调节机制的效率是指调节机制的调节成本比较低，调节成本的分配比较均匀，调节要有利于经济的稳定与发展。在布雷顿森林体系的固定汇率制下，虽然汇率是可以调整的，但是固定汇率的多边性增加了调整平价的困难，而且汇率只允许在平价上下的1%波动，这使得汇率体系过于僵化。实践证明，这种调节机制不是很成功，因为它实际上看重国内政策调节；而从调节政策来看，一个国家很难在不牺牲国内经济稳定与对外贸易利益的情况下，靠一套政策的配合来恢复国际收支平衡。

3. 调节机制不对称，逆差国家负担过重

在名义上，国际货币基金组织规定顺差国与逆差国对国际收支的失衡都负有调节责任。但实际上，布雷顿森林体系将更多的调节压力放在逆差国紧缩经济上，而不是迫使顺差国膨胀经济。就其他调节形式来看，逆差国承受的货币贬值的压力远比顺差国承受的货币升值的压力要大，逆差国加紧实施管制措施的现象与顺差国放松外汇管制、拆除贸易壁垒相比更为常见。这便是布雷顿森林体系所特有的调节机制不对称问题。

4. 储备货币的供应缺乏有效的调节机制

从国际经济和国际贸易发展的角度来看，储备货币的供应不能太少，太少将限制国际经济和国际贸易的发展；从物价和货币稳定的角度来看，储备货币的供应又不能太多，太多会引起世界性通货膨胀和货币混乱。在浮动汇率和多种储备货币体系下，一种储备货币的过量供应，会导致该种储备货币汇率下浮，需求下降，因而可调节该种储备货币的供应。但在布雷顿森林体系僵化的汇率制度下，世界其他国家为减少调节成本倾向于不断积累美元，但美国的黄金储备限制着美元的供应。于是，当美元供应相对不足时，各国大量积累美元，引发美元的不断输出；当美元供应相对过多时，各国又抛售美元，换取美国的黄金储备，从而直接威胁到该体系的生存。

四、布雷顿森林体系的崩溃

布雷顿森林体系的实质是国际金汇兑本位制，其得以维持的前提是单位美元能够保证按一定比率兑换黄金，若这一比率无法维持则该体系自动解体。布雷顿森林体系以美元为中心货币，因此其解体的逻辑就是美元危机的爆发—拯救—再爆发—再拯救……直至崩溃的过程。

美元危机频繁爆发并最终导致布雷顿森林体系瓦解的原因主要如下：

第一，美国国内通货膨胀的加剧导致了美元币值高估。

第二，美国国际收支连年逆差形成了美元过剩。

第三，黄金储备的大量流失和“双重金价制”破产，动摇了美元的信誉。

第四节 牙买加货币体系

一、牙买加货币体系的建立的背景

布雷顿森林体系解体后，国际金融形势动荡不安，国际货币基金组织于 1972 年 7 月成立了基金组织理事会国际货币制度改革及有关问题委员会，又称二十国委员会。该委员会建议仍以可调整的盯住汇率制为基础，只有在特殊情况下国际货币经基金组织同意才能实行浮动汇率制并应受到国际货币基金组织的监督。

国际货币基金组织根据这项建议，于 1974 年 7 月设立了一个国际货币制度临时委员会，简称临时委员会，代替二十国委员会，负责有关国际货币制度改革的问题，就汇率制度、黄金处理、扩大借款额度、增加成员国在国际货币基金组织的份额等问题达成了一些协议。由于这次协议是在牙买加首都金斯顿召开的，所以又称牙买加协议（Jamaica Agreement）。

二、牙买加货币体系的主要内容

（一）浮动汇率合法化

牙买加协议取消了平价和中心汇率，国际货币基金组织会员国可以自由选择任何汇率制度，浮动汇率制与固定汇率制可以并存，但在汇率政策方面要接受国际货币基金组织的指导和监督，以防止各国采取损人利己的货币贬值政策。国际货币基金组织对会员国的汇率进行监督，使汇率水平能够反映各国长期经济状况，不允许会员国操纵汇率来阻止国际收支进行有效的调节或获取不公平的竞争利益。

（二）黄金非货币化

黄金非货币化，即黄金与货币彻底脱钩，黄金不再是平价的基础。废除黄金条款，取消黄金官价，减少黄金的货币作用，使黄金成为一种单纯的商品，各国际货币基金组织会员国的中央银行可按市价自由进行交易活动。牙买加协议取消了国际货币基金组织会员国之间以及国际货币基金组织会员国与国际货币基金组织之间必须用黄金缴付其份额的 25%的义务。

（三）特别提款权成为主要的国际储备资产

牙买加协议规定，各国际货币基金组织会员国之间可以自由进行特别提款权交易，而不必征得国际货币基金组织的同意。国际货币基金组织与国际货币基金组织会员国之间的交易以特别提款权代替黄金，国际货币基金组织一般账户中所持有的资产一律以特别提款权表示。特别提款权是国际货币基金组织分配给其他国际货币基金组织成员国的在原有的一般提款权以外的一种资金使用权力。国际货币基金组织成员国可用它来履行对国际货币基金组织的义务和接受国际货币基金组织的贷款，各国际货币基金组织成员国相互之间可用它来进行借贷。

（四）增加国际货币基金组织成员国缴纳的基金份额

牙买加协议规定，国际货币基金组织由原来的295亿特别提款权增加到390亿特别提款权，增加了33.6%。国际货币基金组织各成员国的份额比例有所调整，有升有降。石油输出国所承担的份额提高了一倍，由5%上升到10%，其他发展中国家维持不变，增加了前联邦德国、日本和石油输出国的份额比例，减少了美国和其他西方国家的份额比例。

（五）扩大对发展中国家的资金融通

牙买加协议规定，用出售黄金所得收益设立“信托基金”，以优惠条件向最贫穷的发展中国家提供贷款或援助，以解决其国际收支问题。同时，国际货币基金组织扩大信用贷款部分的总额，由占会员国份额的100%增加到145%，提高国际货币基金组织“出口波动补偿贷款”在份额中的比重，由占份额的50%提高到占份额的75%。

三、牙买加货币体系的特点

（一）以浮动汇率制度为中心的多种汇率制度

牙买加货币体系下的汇率制度是多种多样的，这与布雷顿森林体系下单一的固定汇率制度不同。发达国家大多采取单独浮动或联合浮动，但也有少数国家采取盯住一篮子货币；发展中国家大多采取盯住某一货币或一篮子货币的相对固定的汇率制度。

（二）国际储备货币多元化

牙买加货币体系确定了以美元为主导的多元化国际储备资产并存的国际储备制，这也不同于布雷顿森林体系下国际储备结构单一以及美元地位十分突出的情况。在牙买加货币体系中，黄金的国际储备资产地位被弱化，但并未退出历史平台；美元虽仍是主导性的国际货币，但其地位明显被削弱，各国外汇储备中美元不再具有垄断地位，联邦德国马克和日元等货币成为重要的国际储备货币。特别提款权和欧洲货币单位（EUR）作为储备资产的地位也不断提高。

（三）国际收支的调节方式多样化

在牙买加货币体系下，主要是通过汇率机制、利率机制、国际货币基金组织的干预和贷款以及动用国际储备资产等方式来综合调节国际收支不平衡，因而在一定程度上缓解了布雷顿森林体系货币制度调节机制失灵的困难。牙买加货币体系新引进了国际金融市场、商业银行信贷和国际合作与政策协调，使国际收支的调节更迅速、更有效。

四、牙买加货币体系的作用与缺陷

牙买加货币体系较之布雷顿森林体系有进步之处，表现在以下方面：

第一，牙买加货币体系摆脱了布雷顿森林体系时期基准货币国家与挂钩货币国家相互牵连的弊端，并在一定程度上解决了“特里芬难题”。

第二，牙买加货币体系实行的是灵活的混合汇率体制。

第三，牙买加货币体系下对国际收支的多种调节机制互为补充，成效较好。

尽管牙买加货币体系有进步之处，但同样存在以下一系列弊端：

第一，储备货币过于分散。

第二，牙买加货币体系下的国际收支调节机制仍不健全，国际收支危机的隐患犹存。

第三，牙买加货币体系下的汇率体系也极不稳定。

综上所述，当前的国际货币制度虽然在各方面均有较强的适应性，但是它的缺陷也很突出，这些缺陷阻碍着世界经济和国际贸易的发展，加剧了世界金融领域中的矛盾。因此，国际上关于改革现行的国际货币制度的讨论始终没有中断过。

第五节 区域货币一体化与欧洲货币一体化

一、区域货币一体化

（一）区域货币一体化的概念

区域货币一体化指一定地区内的有关国家和地区在货币金融领域中实行协调与结合而形成一个统一体，最终形成一个统一的货币体系。实际上，区域货币一体化是一些国家或国家集团为实现货币金融合作而组成的货币联盟。

（二）区域货币一体化的特征

区域货币一体化的特征主要如下：

第一，统一的汇率，即成员国之间实现固定汇率制。

第二，统一的货币，即发行单一的共同货币，这是区域货币一体化的最高形式。

第三，统一的货币管理机构和货币政策，即建立了一个统一的中央银行，并由这个机构保存各成员国的国际储备、发行共同货币、决定统一的货币政策等。

（三）区域货币一体化的产生原因

区域货币一体化是第二次世界大战后国际金融领域的新现象，其产生有客观的必然性。

第一，第二次世界大战后世界经济一体化发展趋势的推动。

第二，浮动汇率制的促进。

第三，货币一体化理论的指导。

(四) 区域货币一体化的概况

第二次世界大战后，一体化程度最高、影响范围最大的是欧洲货币一体化和苏联及东欧国家组成的经济互助委员会实行的区域货币合作。经济互助委员会随苏东集团的瓦解已不复存在，欧洲货币一体化则顺利发展。除此之外，世界其他国家和地区也出现了一些区域性货币一体化组织，如非洲的西非货币联盟和中非货币联盟，拉丁美洲的安第斯储备基金组织，中东地区的阿拉伯货币基金组织，亚洲东南亚国家联盟内的区域货币合作等。但这些发展中国家的货币一体化在影响力和一体化程度上仍处在较低级阶段，较为典型的区域货币一体化目前主要是欧洲货币一体化。

二、欧洲货币一体化

(一) 欧洲货币一体化的建立

为了加强政治、经济联合，欧洲 6 个国家（法国、德国、意大利、荷兰、比利时、卢森堡）于 1958 年 1 月 1 日成立了欧洲经济共同体（以下简称欧共体）。欧共体的目标是在经济领域里逐步统一经济政策，建立工农业产品的统一市场，在欧共体内实现资本和劳动力的自由流动，协调各成员国间财政、金融、货币等方面的政策和立法，当时机成熟时，再从经济联盟发展成为政治联盟。

欧共体于 1979 年 1 月 1 日正式建立起了欧洲货币体系（European Monetary System, EMS），旨在进一步摆脱对美元的依赖及美元危机的影响，最终目的是实现欧共体的经济与货币联盟，其首先要解决的问题是稳定成员国的货币汇率。

(二) 欧洲货币一体化的主要内容

1. 建立欧洲货币单位

欧洲货币单位是欧洲货币体系的核心，是按“一篮子”原则由共同市场国家货币混合构成的货币单位。其价值由欧共体 12 个成员国货币的加权平均得到，每种货币的权数根据该国在欧共体内部贸易中所占的比重和该国国民生产总值规模进行确定，权数每五年变动一次。

欧洲货币单位的作用包括作为决定成员国货币的中心汇率的标准；作为欧共体成员国之间的信贷手段、清算手段、储藏手段以及计价单位等，它是仅次于美元的国际储备资产；随着欧洲货币单位基金的建立，欧洲货币单位逐步成为各国货币当局的一种储备资产。由此可见，欧洲货币单位不仅执行计价单位的作用，成为欧共体国家之间的结算工具，还作为国际储备手段。

2. 实行稳定汇率机制

欧洲货币体系的目标是实现欧洲各国货币的一体化，其重点落在稳定汇率机制上。欧洲货币体系通过建立双重机制稳定成员国之间的货币汇率，即评价网体系和平价篮体系。

平价网体系又称为格子体系，它要求成员国货币之间彼此确定中心汇率，各成员国相互之间的汇率只能围绕中心汇率上下浮动。平价篮体系又称货币篮子体系。与平价网体系中各成员国之间的货币比价规定双边中心汇率不同，货币篮子体系是确定各国货币对欧洲货币单位的市场汇率，然后规定差异界限，这种差异界限小于两国货币中心汇率允许的波幅±2.25%或±6%，而且在欧洲货币单位中所占比重越大的货币，其差异界限越小。差异界限也起到了一种预警作用，当某个成员国货币对欧洲货币单位的比价偏离了法定中心汇率的幅度，该国中央银行就需采取措施进行干预，使之返回到界限之内。当成员国无法通过干预措施和调节政策维持货币汇率规定界限时，就必须对整个平价网体系进行调整。

这种双重稳定机制可以使汇率机制更加稳定，同时改变了过去发生汇率波动时大都由软币国家首先纠正汇率的缺陷，从而均摊了调节责任。

3. 建立欧洲货币基金

欧洲货币基金是欧洲货币体系的基础。根据欧洲货币体系的规定，各成员国缴出其黄金外汇储备的20%（其中10%为黄金），创建欧洲货币基金，用以向成员国发放中短期贷款，帮助成员国摆脱国际收支方面的短期困难，保持其汇率上的相对稳定。

4. 创设欧元

欧盟成员国为保值货币同盟目标的实现，保证欧元的稳定，确立了使用统一货币欧元应具备的条件。只有具备下述条件的成员国才能申请加入欧元区：

（1）预算赤字不超过国内生产总值的3%。

（2）债务总额不超过国内生产总值的60%。

（3）长期利率不高于3个通货膨胀率最低国家平价水平的2%。

（4）消费物价上涨率不超过3个情况最佳国家平均值的1.5%。

（5）两年内本国货币汇率波动幅度不超过欧洲汇率机制规定。

（三）欧洲联盟的成立和欧元的诞生

1991年12月9日和10日，欧共体12国首脑在荷兰小镇马斯特里赫特举行聚会，正式修改1957年签署的《罗马条约》，并签署了《欧洲联盟条约》（包括《经济与货币联盟条约》和《政治联盟条约》），又称《马斯特里赫特条约》（以下简称《马约》），这标志着欧共体从经济实体向政治实体转换迈出了历史性的一步。

《马约》的核心内容是：1993年11月1日建立欧洲联盟，密切各国在外交、防务和社会政策方面的联系；1998年7月1日成立欧洲中央银行，负责制定和实施欧洲的货币政策，并于1999年实行单一货币；实行共同的外交和安全防务政策。

根据《马约》和欧盟的有关规定，欧元从发行到完全取代欧盟成员国的货币，分三个阶段进行。

第一阶段从1999年1月1日开始，这一阶段是成员国货币向欧元的过渡期。其主要工作内容如下：

（1）按1∶1的比例由欧元取代欧洲货币单位（European Currency Unit，ECU）进

行流通，成员国货币和欧元同时存在于流通领域。

（2）资本市场和税收部门均以欧元标定，银行间的支付结算以欧元进行。

（3）欧洲中央银行投入运作并执行欧元的货币政策，制定欧元的利率；为保证欧元与成员国货币固定汇率的顺利执行，对成员国的货币发行进行一定的监控。

（4）执行都柏林会议制定的《稳定和增长条约》中有关规定，如制裁预算赤字超过国内生产总值3%的成员国，罚金为国内生产总值的0.2%，赤字每超过1%，则课征超过部分的1/10的罚金。

第二阶段是从2002年1月1日开始，这一阶段欧元纸币和硬币开始流通，成员国居民必须接受欧元，欧元纸币和硬币逐渐取代了各成员国的纸币和硬币。

第三个阶段从2007年7月1日开始，这一阶段将取消成员国的原货币，完成欧元完全取代原成员国货币的进程。

（四）欧元区建立的经济影响

1. 对欧盟国家经济的影响

（1）增强了欧盟国家的经济实力，提高了其竞争能力。目前，欧元区的经济实力与美国大致相当，强于日本。这就改变了以往德国、法国等国家在与美国、日本的经济竞争中的不利局面，经济实力的迅速增强使其在现有的竞争中处于有利的局面。

（2）减少了内部矛盾，防范和化解了金融风险。在欧洲货币一体化的三个阶段中，各个国家的内部矛盾冲突十分激烈，有关汇率的安排及经济政策的采用等方面各个国家步调极不一致，甚至出现了1992年的欧洲货币危机事件，金融风险日益增加。欧元区建立后，成员国实行统一的货币政策及相同的经济政策，这从根本上减少了内部矛盾，防范和化解了金融风险。

（3）减少了成员国货币兑换的外汇风险，节省了清算支付成本。欧元区的建立使得成员国不用再进行各国家货币的兑换，可完全消除原来的外汇风险，同时可大量节省流通环节的成本。

（4）加速了各个国家的经济发展，带动了消费和投资的增加。欧元区建立后，各种生产要素完全自由流动，改变了各个国家的产业结构与投资结构，提高了各个国家资源配置的效率，加速了各个国家的国内生产总值的增长，增加了社会消费，刺激了企业投资。

2. 对世界经济的影响

（1）使现有的国际储备体系趋于合理。从目前的全球国际储备的状况来看，欧元已与美元、日元三分天下，其总数虽说还少于美元，但已全面超过日元，欧元在国际储备体系中的重要性日益突出。现有的这种格局克服了以往国际储备的急剧膨胀，在国际储备的分配格局日趋合理并有利于各国国际储备的管理。

（2）使世界经济的一体化程度加深。欧元区的建立使欧洲金融市场完全一体化，这进一步加深了世界经济一体化的程度。

（3）推动了现有国际货币体系的改革。欧盟一体化的进程为现有国际货币体系的改革提供了一整套可供参考的经验。

（4）进一步推动了国际经济与货币合作。欧元区的建立与成功进一步推动了现有国际经济与货币的合作，尤其是亚洲、非洲与拉丁美洲各国也联合起来进一步加强货币领域的合作，共同促进世界经济的发展。

本章小结

国际货币体系是指各国政府对货币在国际上发挥职能作用和解决有关国际货币金融问题所确定的原则、协议，采取的措施和建立的组织形式。一个健康的国际货币体系应具备信誉良好、价值稳定、满足世界经济发展需要的国际储备资产，稳定的汇率机制，有效的和低成本的国际收支调节机制。

国际货币体系大体可分为三个阶段，即国际金本位制阶段、布雷顿森林体系阶段以及现行的牙买加货币体系阶段。

金本位制是以黄金作为国际本位货币的制度。按其货币与黄金的联系程度，可分为金币本位制、金块本位制和金汇兑本位制。

布雷顿森林货币制度是二战后以“怀特计划”为蓝本确立的以美元为中心的国际货币制度，其中心内容是“双挂钩”，即美元与黄金挂钩，其他各国货币与美元挂钩。

欧洲货币体系和欧洲货币联盟是对最适度货币最佳的实践，欧元正式启动后，不仅对美元地位提出挑战，也对现行国际货币体系和传统国家主权提出挑战，更加鼓励了其他地区的合作发展，对地区和世界经济产生深远影响。

复习思考题

1. 简述国际货币体系的含义与内容。
2. 简述国际金本位制的形式。
3. 简述布雷顿森林体系的主要内容及其缺陷。
4. 简述牙买加货币体系的主要内容及其缺陷。
5. 简述欧元区建立的经济影响。

实训操作

通过互联网搜索资料，预测欧元未来的发展态势。

第七章　国际金融机构

学习目标

- 了解主要的国际金融机构
- 了解国际金融机构发展的理论基础
- 理解国际金融机构的宗旨、职能与作用
- 了解主要的区域性国际金融机构

专业术语

国际货币基金组织　世界银行集团　国际清算银行　亚洲开发银行　欧洲投资银行

案例导入

第二次世界大战以来，国际货币体系从来没有稳定过。货币争霸之战无时无刻不在上演。货币战争某种意义上取代了军事战争的地位。日本广场协议、拉美金融危机、欧美金融危、亚洲金融危机及美国次贷危机等接踵而至，冲击着国际金融体系。

与此同时，主要国际金融组织的作用也日益削弱。在阿根廷某电视台播出的一些广告，一群孩子被问及关于国际货币基金组织的事。那些孩子的回答与该机构毫无关系：国际货币基金组织是一匹马；不对，是一颗卫星；要不就是一个国家？

【启示】除国际货币基金组织作为一个全球性的国际金融组织外，还有很多国际金融组织。这些组织的职能发挥和各国国际收支平衡、汇率稳定、融资条件有密切的关系。

第一节　国际金融机构概述

一、国际金融机构的产生与发展

国际金融机构是指从事国际金融业务、协调国际金融关系、维持国际货币与信用体系正常运作的超国家机构。

国际金融机构的产生与发展与国际经济、政治状况及变化密切相关。第一次世界大战之前，世界主要国家的国际货币信用关系及结算制度没有真正建立起来，并且它们的货币汇率比较稳定，国际收支多为顺差，因而大国之间在国际金融领域的矛盾并不突出。此外，大国对小国的金融控制，主要依靠的是大国的经济实力、金融实力和军事实力。因此，第一次世界大战前没有产生国际金融机构的客观要求。

第一次世界大战爆发后，国际货币金融格局发生了重大变化，由于各主要国家政治经济发展不平衡，它们彼此之间的矛盾激化，于是客观上要求利用国际经济组织控制或影响别国。与此同时，战争、通货膨胀及国际收支的恶化，又使许多工业国家面临国际金融困境，它们也希望借助国际经济力量。因此，建立国际性金融机构成为多数工业国家的共同愿望，客观上已具备产生国际金融机构的条件。

第二次世界大战后，各国生产国际化与资本国际化，使国际经济关系得到迅速发展，国际货币信用关系不断加强，国际金融机构迅速增加。1944 年 7 月，在英、美等国的策划下，美、英、中、苏、法等 44 个国家在美国的新罕布什尔州的布雷顿森林召开了联合国货币金融会议，通过了由美国提出的关于设立国际货币基金组织和国际复兴开发银行的方案，并签订了关于确定西方国家金融关系的基础协议。1945 年 12 月正式成立了两个国际性金融机构，即国际货币基金组织和国际复兴开发银行（以下简称世界银行）。1956 年，国际金融公司成立。1959 年，国际开发协会成立，至此世界银行集团正式出现。国际货币基金组织和世界银行集团是当今成员国最多、机构规模最大、影响最广的国际金融机构。

自 1957 年开始，欧洲、亚洲、非洲、拉丁美洲及中东地区的国家，为了加强互助合作，抵制美国对国际金融的操纵，纷纷建立起区域性国际金融机构，以促进本地区的经济发展。最早出现的区域性国际金融机构是 1957 年由欧共体设立的欧洲投资银行。20 世纪 60 年代以后，泛美开发银行、亚洲开发银行、非洲开发银行以及阿拉伯货币基金组织等陆续成立。

第二次世界大战后，国际金融机构迅速发展的原因在于：第一，美国控制国际金融、扩大商品和资本输出的需要。美国在第二次世界大战中积聚了雄厚的实力，企图通过建立国际机构来控制国际金融活动，从而有利于它的对外贸易与资本扩张。第二，生产和资本国际化的发展，要求各国政府共同干预经济活动。国际范围内干预经济活动的加强，为建立国际性金融机构提供了客观有利条件。第三，工业国家的经济恢复及新兴国家民族经济的发展，形成了对资金的迫切需求，希望建立国际金融机构，以获得所需资金。第四，由生产和资本国际化而产生的经济和货币金融一体化的客观要求，为建立国际金融机构打下了基础。

二、国际金融机构的类型

国际金融机构的类型有以下两种：

（一）全球性金融机构

最重要的全球性金融机构是国际货币基金组织和世界银行集团，它们对加强国际合作与稳定国际金融起着重要作用。

（二）区域性金融机构

区域性金融机构具体分为两类：一类是联合国附属的区域性金融机构（有区域外

国家参加）。例如，亚洲开发银行、泛美开发银行、非洲开发银行。另一类是某一地区一些国家组成的真正的区域性国际金融机构。例如，欧洲投资银行、阿拉伯货币基金组织、石油输出国国际发展基金等。地区性国际金融机构是今后发展的主要方向。

三、国际金融机构的性质与作用

国际金融机构作为当代国际金融业务的主要承担者、管理者和国际金融协调的实施者，其性质可以按照不同的标准加以区分。国际金融机构按照地区范围可以分为全球性的国际金融机构和区域性的国际金融机构；按照资本来源可以分为由政府出资兴办的国际金融机构和由私人、政府共同参股的国际金融机构；按照职能可以分为主要从事国际金融事务协调、监督的金融机构，主要从事以国际信贷支持世界经济发展的国际金融机构和主要从事国际结算的国际金融机构。

第二次世界大战以后，国际金融机构在促进国际经济合作、发展世界经济、稳定国际金融体系、扩大国际贸易以及为落后地区提供发展资金和提供国际金融争端协调机制等方面起到了积极作用。这主要表现在：第一，提供短期资金，调节国际收支逆差，在一定程度上缓和了国际支付危机。第二，提供长期建设资金，促进了发展中国家经济发展。第三，稳定汇率，保证国际货币体系的运转，促进国际贸易增长。第四，通过创造新的结算手段，适应了国际经济发展的需求。

第二节　全球性国际金融机构

一、国际货币基金组织

国际货币基金组织（International Monetary Fund，IMF）是根据 1944 年 7 月召开的联合与联盟国家货币金融会议通过的《国际货币基金组织协定》成立的全球性国际金融机构。国际货币基金组织属于政府间的国际金融组织。1947 年 11 月 15 日，国际货币基金组织成为联合国所属专营国际金融业务的机构，总部设在华盛顿。中国是该组织的创始国之一，1980 年 4 月 17 日，该组织正式恢复中国的合法席位。瑞士是唯一未参加该组织的西方主要国家。

（一）宗旨

国际货币基金组织、世界银行集团以及世界贸易组织共同构成第二次世界大战后国际经济秩序的三大支柱。国际货币基金组织负责国际货币金融事务。其宗旨主要表现在：

（1）为成员国提供一个常设的国际货币机构，促进成员国在国际货币问题上的磋商与协作。

（2）促进国际贸易均衡发展，以维持和提高就业水平和实际收入，发展各国的生产能力。

（3）促进汇率的稳定和维持各国有秩序的外汇安排，以避免竞争性的货币贬值。

（4）协作建立各国间经常性交易的多边支付制度，并努力消除不利于国际贸易发展的外汇管制。

（5）在临时性基础上和具有充分保障的条件下，国际货币基金组织向成员国提供普通资金，使其有信心利用此机会纠正国际收支的失调，而不采取危害本国或国际繁荣的措施。

（6）努力缩短和减轻国际收支不平衡的持续时间及程度。

（二）职能

国际货币基金组织的主要职能有：

（1）就成员国的汇率政策、与经常账户有关的支付以及货币的可兑换性问题确定一项行为准则，并实施监督。

（2）向国际收支发生困难的成员国提供必要的资金融通，以使其遵守上述行为准则。

（3）向成员国提供国际货币合作与协商的场所。

（三）组织机构

国际货币基金组织是以成员国入股方式组成的企业性质的金融机构。每个成员国必须缴纳一定份额的资金作为入股基金，其组织机构由理事会、执行董事会和业务机构、总裁组成。

1. 理事会

国际货币基金组织的最高权力机构是理事会，理事会由各成员国派正、副理事各一名组成，理事一般由各国的财政部长或中央银行行长担任。理事会的主要职责如下：

（1）批准接纳新成员。

（2）决定和修改基金份额和特别提款权的分配。

（3）调整各成员国货币平价。

（4）决定成员国退出国际货币基金组织。

（5）讨论决定其他有关国际货币制度的重大问题。

国际货币基金组织每年 9 月与世界银行共同举行年会，各理事单独行使本国的投票权，各国投票权的大小由其所缴纳基金份额的多少决定。

2. 执行董事会和业务机构

执行董事会负责日常工作，行使理事会委托的一切权力。执行董事会由 24 名执行董事组成，其中 8 名由美、英、法、德、日、俄、中、沙特阿拉伯指派，其余执行董事由其他成员国分别组成 16 个选区选举产生。执行董事会的主要工作如下：

（1）接受理事会委托，定期处理各种行政和政策事务。

（2）向理事会提出年度报告。

（3）对成员国的经济、金融问题进行研究。

执行董事会下设 5 个地区（非洲、亚洲、欧洲、中东、西半球）部门和 12 个业务机构（包括行政管理、中央银行业务、汇兑和贸易关系、对外关系、财政事务、国际货币基金学院、法律事务、研究、秘书、司库、统计和语言服务局）。

3. 总裁

国际货币基金组织的总裁由执行董事会推选，负责国际货币基金组织的业务工作，是国际货币基金组织的最高行政领导人。总裁任期 5 年，可连任，另外还有 3 名副总裁。总裁平时没有投票权，只有在执行董事表决时，双方票数相等的情况下，可以投一决定票。根据惯例，国际货币基金组织的总裁来自欧洲。

（四）资金来源

1. 成员国缴纳的基金份额

参加国际货币基金组织的每一个成员国都要认缴一定的基金份额，份额在性质上相当于股东加入股份公司认购的股份，一旦认缴就成为国际货币基金组织的财产。份额是根据成员国的国民收入、黄金和外汇储备、进出口贸易以及其他经济指标来决定的，由国际货币基金组织和成员国协商决定。

2. 向成员国借款

这是指国际货币基金组织在与成员国协商后向成员国借入的资金，作为基金组织的一个来源。其主要作用是向成员国提供资金融通。

3. 出售黄金

1976 年 1 月，国际货币基金组织决定将其所持有的黄金的 1/6，即 2 500 万盎司，分 4 年按市价出售，以所得的收益中的一部分，作为建立信托基金的一个资金来源，用以向最穷的成员国提供信贷。

（五）业务内容

1. 监督成员国的汇率政策

汇率监督的目的在于保证有秩序的汇总安排和汇率制度的稳定，消除不利于国际贸易发展的外汇管制，避免成员国操纵汇率或采取歧视性汇率政策以谋取不公平的竞争利益。同时，国际货币基金组织还为成员国提供进行国际货币合作与协商的场所。

2. 融通资金

国际货币基金组织的主要活动是向成员国政府、中央银行或外汇平衡组织提供贷款，贷款的方式是借款成员国以本国货币“购买”或“提存”外汇，而不称为“借款”；还款时，借款成员国用黄金或外汇买回本国货币，称为“赎回”。其主要类型如下：

（1）普通贷款。普通贷款是国际货币基金组织最基本的贷款方式，贷款期限为 3~5 年，贷款额度最高不超过成员国缴纳份额的 125%。普通贷款可分为储备部分贷款和信用部分贷款。

①储备部分贷款。一个成员国的储备实际上是该成员国在国际货币基金组织中用外汇缴纳的部分，由该成员国在其缴纳份额的 25%以内用自由兑换外汇缴纳。对于利用储备，国际货币基金组织不要求成员国提出申请，也无须特殊批准，因此这部分贷款的获得有充分的保证。

②信用部分贷款。该贷款是储备部分贷款之上的普通贷款，其最高额度为成员国缴纳份额的 100%，共分为四档，每一档等于缴纳份额的 25%。贷款额度为成员国缴纳

份额的 25%以下的称为第一档信用部分贷款，25%~50%之间的称为第二档信用部分贷款，50%~75%之间的称为第三档信用部分贷款，75%~100%之间的称为第四档信用部分贷款。随着贷款档次的增加，审批越来越严格，利率也逐档提高。

（2）专门贷款。

①中期贷款又称扩张贷款，是国际货币基金组织于 1974 年设立的用于解决成员国较长期的国际收支逆差的专项贷款。如果成员国的普通贷款都提完了，仍不能满足需要，则可动用该项贷款。如果贷款国达不到国际货币基金组织的要求，贷款可以停止发放。此项贷款的最高借款额可达成员国份额的 140%，期限为 4~10 年，备用安排期限为 3 年。此项贷款与普通贷款两项总额不得超过借款国份额的 165%。

②补充贷款设立于 1979 年 2 月，总计 100 亿美元，是对中期贷款的一种补充。补充贷款主要用于帮助成员国解决持续的巨额国际收支逆差。

③补偿与应急贷款设立于 1963 年，当成员国初级产品出口价格下降，出口收入减少，或谷物进口国因谷物价格上升，进口支付增加，从而发生国际收支困难时，可向国际货币基金组织在普通贷款外申请该项贷款。

④缓冲库存贷款设立于 1969 年 6 月，目的在于帮助初级产品出口国稳定出口商品的国际价格。国际缓冲库存是一些初级产品生产国根据国际商品协定建立一定数量的存货。当国际市场价格波动时，向市场抛售或买进该项产品以稳定价格，从而稳定出口收入。该项贷款最高可借到成员国份额的 45%，期限为 3~5 年。

3. 提供培训咨询服务

为了提高成员国专业人员的素质，国际货币基金组织还对成员国提供包括培训、咨询在内的一系列服务。国际货币基金组织帮助成员国组织人员培训，编辑并出版反映国际经济及国际金融专题的刊物和书籍；派驻各地的人员积极搜集并反馈世界各国的经济金融信息；以派出代表团的形式，对成员国提供有关国际收支、财政、货币、银行、外汇、外贸和统计等方面的咨询和技术援助。

二、世界银行集团

世界银行集团是联合国系统下的多边发展机构，其宗旨是通过向发展中国家提供中长期资金和智力的支持，来帮助发展中国家实现长期、稳定的经济发展。世界银行集团包括五个机构：国际复兴开发银行、国际开发协会、国际金融公司、多边投资担保机构和国际投资争端解决中心。中国是世界银行创始会员国之一。世界银行集团的主要职能是促进成员国经济长期发展，协调南北关系和稳定世界经济秩序等。从资金构成和法律地位来看，国际开发协会和国际金融公司都是独立的金融机构，而多边投资担保机构和国际投资争端解决中心则是附属于世界银行的非金融机构。因此，一般将世界银行、国际开发协会和国际金融公司三者并立，视为重要的全球性的国际金融机构。

（一）世界银行（Word Bank）

1. 概况

世界银行是国际复兴开发银行（International Bank for Reconstruction and Development, IBRD）的简称，是与国际货币基金组织同时产生的国际金融组织，也是属于联合国的专门机构。1944 年 7 月，在美国布雷顿森林举行的联合国货币金融会议通过了《国际复兴开发银行协定》，世界银行于 1945 年 12 月 27 日正式宣告成立，于 1946 年 6 月 25 日开始营业，于 1947 年 5 月 9 日批准了第一批贷款——向法国贷款 2.5 亿美元。世界银行总部设在美国华盛顿，在巴黎、纽约、日内瓦、东京等地设立了办事处，在东非、西非地区和 26 个发展中国家设常驻代表。只有国际货币基金组织的成员国才有权申请加入世界银行，世界银行建立之初只有 39 个成员国。截至 2010 年 4 月，世界银行共有 186 个成员国。

2. 宗旨

作为一个全球性的金融机构，世界银行成立初期的宗旨是致力于二战后欧洲复兴，1948 年以后转向世界性的经济援助。其宗旨主要表现在以下方面：

（1）通过对生产事业的投资提供便利，协助成员国经济的复兴与建设，鼓励不发达国家生产和对资源的开发。

（2）通过保证或参与私人贷款和私人投资的方式，促进私人对成员国投资。

（3）用鼓励国际投资以开发成员国生产资源的方法，促进国际贸易的长期平衡发展，维持国际收支平衡。

（4）配合国际信贷，提供信贷保证。

3. 组织机构

世界银行的最高权力机构是理事会，由每一成员国委派理事和副理事各一名组成，理事和副理事任期 5 年，可以连任。世界银行的日常事务由执行董事负责，现有执行董事 21 人，任期两年。其中，5 人是常任执行董事，由持有股份最多的美国、英国、德国、日本和法国指派；其他 16 名董事由其余成员国按地区联合推选产生。

世界银行行长由执行董事会选举产生，并兼任执行董事会主席，任期 5 年，可连选连任。行长通常无投票权，只有在执行董事会表决中双方票数相等时，才可投决定性一票。成员国在理事会的投票权同其认缴的股本成正比。每一成员国有 250 票基本投票权，此外，每认缴股金 10 万特别提款权增加一票。由于任何重要的决议必须由 85%以上的表决权决定，所以美国拥有绝对否决权。

4. 资金来源

（1）成员国缴纳的股金。各成员国缴纳的股金多少是根据其本国的经济实力，并参照本国在国际货币基金组织所缴纳份额的大小而定。成员国的投票权同认缴股金成正比。

（2）发行债券取得的借款。在国际资本市场上发行中长期债券，是世界银行资金来源的主要方面。

（3）留存的业务净收益和其他资金来源。世界银行将历年业务活动中的营业利润作为资金来源之一。由于世界银行资信卓著，经营得法，其每年利润都相当可观。

（4）转让债权。世界银行将贷出款项的债权出让给私人投资者，主要是商业银行，收回一部分资金，以增强世界银行的资金周转能力。

5. 业务

（1）贷款业务。世界银行的主要业务活动是通过提供长期生产性贷款帮助成员国复兴和发展经济。

世界银行发放的是低息贷款，贷款手续严密，费时较长，一般需要 1~2 年的时间。获得贷款需要满足的条件有：

①贷款必须与特定的工程项目相联系，专款专用，并接受世界银行的监督。

②只有在申请贷款国确实不能以合理的条件从其他来源获得资金时，世界银行才考虑发放贷款。

③贷款对象仅限于成员国政府，接受贷款的部门只能是成员国政府或由政府、中央银行担保的公司机构。

④贷款必须如期归还，不能拖欠或改变归还日期。

世界银行的贷款种类具体包括：

①具体项目贷款。这是世界银行贷款业务的主要部分，是指世界银行对成员国工农业生产、交通、通信以及市政、文教卫生等具体项目所提供的贷款总称。

②紧急复兴贷款，这类贷款主要用于帮助成员国对付自然灾害或其他灾难所造成的损失。

③技术援助贷款，这类贷款为投资项目的可行性研究、资源调查、项目设计以及培训方面的技术援助或完全从事技术援助的项目提供资金。

④结构调整贷款，这类贷款旨在帮助借款国在宏观经济、部门经济和经济体制等方面进行全面的调整和改革。

⑤部门贷款，包括部门投资贷款和部门调整贷款。

（2）非贷款援助。除提供贷款外，世界银行还办理一些其他业务，主要有：

①向成员国提供技术援助。

②提供联合贷款。

③对成员国的金融服务人员进行培训。

（二）国际开发协会（International Development Association，IDA）

1. 概况

国际开发协会是专门为解决低收入国家资金短缺问题而成立的。二战后，亚非拉发展中国家由于举借大量外债，每年还本付息负担沉重，而且二战后建立的几个国际金融机构，如国际货币基金组织和世界银行，其贷款条件较严，数额也有限，难以帮助贫穷的发展中国家摆脱困境。在这种情况下，世界银行专家于 1957 年提出成立国际开发协会的建议，该建议于 1959 年 10 月经世界银行理事会通过。1960 年 9 月 24 日，国际开发协议正式成立，同年 11 月开始营业，会址设在华盛顿，目前拥有 184 个成员国。

国际开发协会是世界银行的附属机构，与世界银行有着相同的组织结构，同样提供长期资金，在性质上也与世界银行相似。国际开发协会的正、副理事，正、副执行董事由世界银行的相应人员兼任，经理、副经理由世界银行行长、副行长兼任，办事机构的各部门的负责人也都由世界银行相应部门的负责人兼任。国际开发协会财务核算独立，名义上是一个独立机构。因此，通常将国际复兴开发银行和国际开发协会两个机构统称为世界银行。

2. 资金来源

（1）成员国认缴的股金。

（2）成员国提供的补充资金。

（3）世界银行的捐款。

（4）协会本身经营业务的盈余。

3. 主要业务及特点

国际开发协会的宗旨是以较优惠的条件向低收入发展中国家提供利息负担较轻的长期贷款，以促进发展中国家经济的发展、生产和生活水平的提高。

国际开发协会的主要业务活动是向欠发达的发展中国家的公共工程和发展项目，提供比世界银行贷款条件更优惠的长期贷款。这种贷款又称开发信贷，其特点如下：

（1）期限长。最初可长达 50 年，宽限期 10 年。1987 年，国际开发协会执行董事会通过决议，将贷款期限划分为两类：一是联合国确定为最不发达的国家，信贷期限为 40 年，包含 10 年宽限期；二是经济状况稍好一些的国家，信贷期限为 35 年，也包含 10 年宽限期。

（2）免收利息。国际开发协会对已拨付的贷款余额免收利息，只收取 0.75%的手续费。

（3）信贷偿还压力小。第一类国家在宽限期过后的两个 10 年每年还本 2%，以后 20 年每年还本 4%；第二类国家在宽限期过后的第二个 10 年每年还本 2.5%，其后 15 年每年还本 5%。由于国际开发协会的贷款基本上都是免息的，故称为软贷款，而条件较为严格的世界银行贷款，则称为硬贷款。

（三）国际金融公司（International Finance Corporation，IFC）

1. 概况

国际金融公司是世界银行私营部门机构，具有独立的法人地位。国际金融公司于 1956 年 7 月正式成立，总部设于华盛顿，目前共有 182 个成员国。

国际金融公司是全球性投资机构和咨询机构，旨在促进发展中成员国的可持续性项目，使其在经济上具有效益，在财务和商业上具有稳健性，在环境和社会方面具有可持续性。

中国于 1980 年 5 月恢复了在国际金融公司的合法席位，目前是国际金融公司投资增长最快的国家之一。在 2006 财政年度，国际金融公司共向中国 24 个项目承诺投资 638 亿美元。从 1985 年批准第一个项目起，至 2006 年 6 月 30 日，国际金融公司在中国共投资了 115 个项目，并为这些项目提供了 28.6 亿美元的资金。

2. 组织机构

国际金融公司的权力机构是理事会，执行机构是执行董事会。由于国际金融公司是世界银行的附属机构，其正、副理事，正、副执行董事分别由世界银行的正、副理事，正、副执行董事兼任，国际金融公司总经理由世界银行行长兼任。国际金融公司协定规定，只有世界银行的成员国才能成为国际金融公司的成员国。

3. 资金来源

（1）成员国缴纳的股金。

（2）从世界银行和其他途径借入的资本金。

（3）利润积累与股本转让。

4. 业务

国际金融公司的宗旨是向成员国特别是其中的发展中国家的重点私人企业提供无须政府担保的贷款或投资，以推动这些国家的私人企业的成长，促进其经济发展。国际金融公司的主要业务如下：

（1）贷款业务。贷款对象主要是亚洲、非洲和拉丁美洲的不发达国家。贷款的部门主要为制造业、加工业和开采业，如钢铁、建筑材料、纺织、采矿、化工、能源、木材、造纸及旅游等非金融服务业。贷款期限一般为7~15年，贷款的利息根据资金投放的风险和预期的收益等因素决定，一般为年利6%~7%，有时高达10%，有的还要参加借款企业的分红。

（2）投资业务。国际金融公司投资的标准是投资项目必须对所在国的经济有利；必须有盈利前景，并且无法以合理调节得到足够的私人资本。同时，国际金融公司的投资还要考虑政府的所有权和企业的控制程度、企业性质和管理效率等。国际金融公司的投资额一般不超过私人企业注册资本的25%，最低只有2%。

（四）多边投资担保机构（Multilateral Investment Guarantee Agency，MIGA）

1. 概况

多边投资担保机构成立于1988年6月8日，是世界银行集团的新成员，宗旨是鼓励在其成员国之间，尤其是向发展中国家成员融通生产性资金，以补充世界银行、国际金融公司和其他国际金融机构的活动。在项目方面，该机构已提供71亿多美元的担保，涉及75个发展中国家的投资项目。自1988年起，多边投资担保机构已帮助约36亿美元的外国直接投资流入全球各个新兴国家。

2. 组织机构

多边投资担保机构设理事会、董事会、总裁和职员，以履行机构所在地确定的职责。多边投资担保机构的理事会是其最高权力机构。理事会由每一成员国按其自行确定的方式指派的理事及副理事各一人组成。理事会每年举行一次年会，除另有规定外，理事会的决定均有实投票数的多数票通过。董事会负责机构的一般业务，由不少于12名董事组成。世界银行行长为董事会主席，除在双方票数相等时特设一决定票外，无投票权。多边投资机构的总裁在董事会的监督下，处理机构的日常事务，负责职员的组织、任命和辞退。总裁由董事会主席提名，由董事会任命。理事会决定总裁的薪金和任期条件。

3. 业务

（1）承保非商业险风险，包括货币汇兑险、征用险、违约险、战争和内乱险、其他非商业风险等。

（2）提供促进性和咨询性服务。多边投资担保机构主要提供以下几类服务：投资促进会议、外国投资政策圆桌会议、执行发展计划、外国直接投资法律框架咨询服务。

（五）解决投资争端国际中心（International Center for Settlement of Investment Disputes，ICSID）

解决投资争端国际中心成立于1966年，是世界银行集团的一个投资促进机构，共有129个成员国。解决投资争端国际中心是根据1966年10月正式生效的《关于解决国家和其他国家国民投资争端公约》（《华盛顿公约》）成立的国际组织，其办公地点设在美国华盛顿的世界银行内。

第三节　区域性国际金融机构

20世纪60年代以来，亚洲、非洲、美洲和欧洲地区的一些国家，通过互相合作的方式建立了本地区的多边金融机构，以适应地区经济发展和国际投资的需求。这些区域性的国际金融组织，为发展成员方的经济起到了重要作用。

一、国际清算银行（Bank for International Settlement，BIS）

（一）概况

国际清算银行由英、法、德、意、比、日等国的中央银行与代表美国银行界利益的摩根银行、纽约和芝加哥的花旗银行组成的银团，根据《海牙国际协定》于1930年5月共同组建，总部设在瑞士的巴塞尔。国际清算银行是除国际货币基金组织和世界银行集团之外的最重要的国际金融机构，刚建立时只有7个成员方，现已发展至拥有54个成员方。国际清算银行最初创办的目的是处理第一次世界大战后德国的赔付及其有关的清算等业务问题。

1944年，根据布雷顿森林会议的决议，国际清算银行的使命已经完成，应当解散，但美国仍把它保留下来，作为国际货币基金组织和世界银行的附属机构。二战后，国际清算银行成为经济合作与发展组织成员方之间的结算机构。其宗旨也逐渐转变为促进各国重要银行之间的合作，为国际金融业务提供便利，并接受委托或作为代理人办理清算业务等，国际清算银行实际成为西方中央银行的银行。

1996年9月，国际清算银行决定接受中国、印度、韩国、新加坡、巴西、墨西哥、俄罗斯、沙特阿拉伯和中国香港9个国家和地区的中央银行或行使中央银行职能的机构为其成员。

（二）组织机构

国际清算银行是以股份公司的形式建立的，其组织机构包括股东大会、董事会和办事机构。

1. 股东大会

股东大会是国际清算银行的最高权力机构，每年 6 月在巴塞尔举行一次，由认购该行股票的各成员方中央银行或行使中央银行职能的机构派代表参加。股东大会审查通过年度决算、资产负债表、损益表和红利分配办法。股东大会的投票权根据认股数按比例分配。在决定修改银行章程、增加或减少银行资本、解散银行等事项时，国际清算银行将召开特别股东大会。

2. 董事会

董事会是国际清算银行的实际领导机构，由 13 名董事组成。比利时、德国、法国、英国、意大利和美国的中央银行行长是董事会的董事，各自任命 1 名本国工商和金融界的代表担任董事，此外董事会以 2/3 的多数通过选举出其他董事，最多不超过 9 名。董事会成员选举董事会主席，并任命国际清算银行行长。

3. 办事机构

国际清算银行下设银行部、货币经济部、法律处和秘书处等办事机构。

（三）资金来源

（1）成员方认缴的股本。

（2）借款。

（3）吸收存款。

（四）主要业务

（1）处理国际清算事务。

（2）办理或代理有关银行业务。

（3）定期举办中央银行行长会议。

二、亚洲开发银行（Asian Development Band，ADB）

（一）概况

亚洲开发银行是亚洲和太平洋地区的区域性金融机构，于 1966 年 11 月正式建立，总部设在菲律宾首都马尼拉，同年 12 月开始营业。亚洲开发银行建立时有 34 个成员方，之后其成员方不断增加，凡是亚洲及远东经济委员会的成员或准成员，亚太地区其他国家和地区以及该地区以外的联合国及所属机构的成员均可参加。亚洲开发银行不是联合国的下属机构，但它是联合国亚洲及太平洋经济社会委员会赞助建立的机构，同联合国及其区域和专门机构有密切的联系。

亚洲开发银行的战略目标是：通过提供贷款和股本投资，促进发展中成员经济的增长和社会进步；通过提供技术援助、开展贷款政策性对话，加强发展中成员决策机构的能力，促进经济向市场化转轨，改善投资环境；进一步增加联合融资，促进私有资本向发展中成员流入。

（二）组织机构

亚洲开发银行的最高决策机构是理事会，由每个国家指定一名理事和一名副理事组成。它主要负责接纳新成员、变动银行资本、选举董事会和行长及修改章程等。董事会负责总管银行的日常经营活动，执行董事会授予的权力。董事会由理事会选举的12名董事组成，其中亚太地区代表8名，非本地区的代表4名，董事任期两年，可连选连任。银行行长由理事会选举产生并担任董事会主席。

（三）资金来源

1. 普通资金。普通资金由成员方认缴的股本、向国际金融市场的借款和净收益等组成。

2. 开发基金。开发基金主要来自发达成员方或地区成员的捐赠。

3. 技术援助特别基金。

4. 日本特别基金。

（四）主要业务

亚洲开发银行的宗旨是向其成员方或地区成员提供贷款和技术援助，帮助协调成员方或地区成员在经济、贸易和发展方面的政策，同联合国及其专门机构进行合作，以促进亚洲地区的经济发展。主要业务有：

1. 贷款业务

根据贷款条件不同，可分为硬贷款、软贷款和赠款三类。硬贷款的贷款利率为浮动利率，每半年调整一次，贷款期限为10-30年（2-7年宽限期）。软贷款也就是优惠贷款，只提供给人均国民收入低于670美元且还款能力有限的成员方或地区成员，贷款期限为40年，并有10年宽限期。贷款不收利息，仅收1%的手续费。赠款用于技术援助，资金由技术援助特别基金提供，赠款额没有限制。亚洲开发银行的贷款方式包括项目贷款、规划贷款、综合项目贷款和开发金融机构贷款。

2. 技术援助

技术援助是亚洲开发银行的重要业务，主要包括项目准备技术援助、项目执行技术援助、咨询性技术服务和区域活动技术援助。

三、非洲开发银行（African Development Bank，AfDB）

（一）概况

非洲开发银行于1964年正式成立，于1966年7月1日开业，总部设在科特迪瓦的经济中心阿比让。2002年，非洲开发银行临时搬迁至突尼斯至今。非洲开发银行是非洲最大的地区性政府间开发金融机构，最初只有除南非以外的非洲国家才能加入，后来非洲以外的国家也能加入。1985年5月我国也加入了非洲开发银行。为了保证非洲开发银行的非洲特色，该行规定领导权由非洲国家掌握，行长必须由非洲人担任，行址永设非洲，非洲国家至少控制银行资本的66%。

（二）组织机构

理事会是非洲开发银行的最高决策机构，由各成员国委派一名理事组成，一般为成员国的财政和经济部长，通常每年举行一次会议，必要时可举行特别理事会，讨论制定非洲开发银行的业务方针和政策，决定非洲开发银行的重大事项，并负责处理非洲开发银行的组织和日常业务。理事会年会负责选举行长和秘书长，董事会由理事会选举产生，是非洲开发银行的执行机构，负责制定非洲开发银行各项业务政策。董事会共有 18 名执行董事，其中非洲以外国家占 6 名，任期 3 年，一般每月举行两次会议。

（三）资金来源

（1）普通资金。

（2）特别资金。

（四）主要业务

非洲开发银行的宗旨是通过提供投资和贷款，利用非洲大陆的人力和资源，促进成员国经济发展和社会进步，优先向有利于地区的经济合作和扩大成员国间贸易的项目提供资金和技术援助，帮助成员国研究、制定、协调和执行经济发展计划，以逐步实现非洲经济一体化。经营业务主要分为普通业务和特别业务两种，普通业务是非洲开发银行普通资本基金提供贷款和担保的业务，特别业务是非洲开发银行规定专门用途的“特别基金”开展的贷款业务，其条件较为优惠。非洲开发银行贷款主要用于公用事业、交通运输、农业、银行和社会部门。

四、其他区域性国际金融组织

（一）欧洲投资银行（European Investment Bank，EIB）

欧洲投资银行是欧共体成员国合资经营的金融机构。该行根据 1957 年《罗马条约》的规定，于 1958 年 1 月 1 日成立，于 1959 年正式开业，总行设在卢森堡。欧洲投资银行不以营利为目的，其业务重点是对欧共体内落后地区兴建的项目、对有助于促进工业现代化的结构改革的计划和有利于欧共体或几个成员国的项目提供长期贷款或保证，也对欧共体以外的地区输出资本，但贷款兴建的项目必须对欧共体有特殊意义，并要经该行总裁委员会特别批准。

欧洲投资银行的主要业务是吸收资金，为欧共体国家的地区发展、能源开发、兴建公共设施和改造老企业提供贷款。该行还受欧共体其他组织机构的委托，通过发行债券在资本市场筹资，并代为管理上述信贷资金。

（二）西非开发银行（West African Development Bank，WADB）

西非开发银行是西非经济货币联盟（West African Economic and Monetary Union，WAEMU）的一个下属机构，成立于 1973 年，总部设在多哥首都洛美，旨在促进成员国经济平衡发展和西非经济一体化进程。

该行的成员分为A类和B类，A类为西非经济货币联盟成员及西非国家中央银行，B类为非西非经济货币联盟成员的国家、国际机构和政府机构。2004年10月，西非经济货币联盟特别首脑会议作出接纳中国入股西非开发银行的决议，中国认购股本160股，占总股本的1.23%。

（三）泛美开发银行（Inter-American Development Bank，IADB）

泛美开发银行主要由美洲国家组成，是向拉丁美洲提供信贷资金的区域性金融组织。1960年10月1日，泛美开发银行正式开业，行址设在华盛顿，创始成员国有21个，包括20个拉丁美洲国家和美国。截至2009年1月，泛美开发银行成员国共48个，其中美洲成员国27个，美洲以外的成员国21个。2009年1月12日，中国正式加入泛美开发银行。

泛美开发银行是世界上历史最悠久、规模最大的区域性政府间开发金融机构，其宗旨是集中美洲内外资金向成员国政府及公、私团体的经济和社会发展项目提供贷款或对成员国提供技术援助，以促进拉丁美洲国家的经济发展与合作。

（四）阿拉伯货币基金组织（Arab Monetary Fund，AMF）

阿拉伯货币基金组织是阿拉伯国家平衡国际收支，促进阿拉伯国家经济一体化的区域性金融组织。该组织于1977年4月在阿拉伯联合酋长国首都阿布扎比正式成立，其宗旨是向阿拉伯国家联盟成员国中国际收支有困难的国家提供援助；向有财政赤字的国家提供优惠贷款；使所有成员国获得经济和社会的均衡发展；增加阿拉伯国家的财源，实现阿拉伯国家的经济一体化。

（五）亚洲基础设施投资银行（Asian Infrastructure Investment Bank，AIIB）

亚洲基础设施投资银行（亚投行）是一个政府间性质的亚洲区域多边开发机构，重点支持基础设施建设，总部设在北京。亚投行法定资本1000亿美元。2013年10月2日，中国国家主席习近平提出筹建亚投行倡议。2014年10月24日，包括中国、印度、新加坡等在内21个首批意向创始成员国的财长和授权代表在北京签约，共同决定成立亚洲基础设施投资银行。2015年3月12日，英国正式申请加入亚投行，成为首个申请加入亚投行的主要西方国家。

本章小结

国际货币基金组织是联合国系统的一个专业机构，是全球性国际金融组织，在加强国际经济和金融合作、维持国际经济秩序稳定方面发挥了重要作用。

国际金融组织分为全球性金融组织和区域性金融组织。

复习思考题

1. 试比较国际货币基金组织与世界银行的基本职能与业务活动。
2. 世界银行、国际开发协会、国际金融公司的贷款对象和条件有什么不同?
3. 国际清算银行的主要职能是什么?
4. 试分析亚洲开发银行的资金来源与业务活动。
5. 试比较欧洲投资银行与非洲开发银行的贷款业务。

实训操作

通过互联网搜索我国近年来从各种国际金融组织获得的优惠贷款。

第八章　国际资本流动

学习目标

- 理解国际资本流动的含义、类型、特点
- 明确国际资本流动对一国经济和世界经济带来的利益与风险
- 掌握发展中国家债务危机的形成原因及解决办法
- 理解国际资本流动对我国利用外资、对外投资的影响和应对办法

专业术语

国际资本流动　直接投资　间接投资　资本管理　外汇管理　外债管理

案例导入

国际资本流动的增长速度超过国际商品和劳务贸易的增长速度，是当今世界经济发展的重要特征。美国和日本的外用直接投资状况更为显著。

美国：从20世纪70年代以来，在美国的外国直接投资一直呈上升趋势。美国引进的外国直接投资在整个20世纪70年代为1 340亿美元，到20世纪90年代仅前5年就达到3 120亿美元（以1992年不变价格计算），从占国内生产总值的0.32%提高到0.69%。对美国的外国直接投资大多来自欧洲和加拿大。1996年，美国的外国直接投资有2/3来自欧洲。欧洲公司投资美国东海岸各州的部分原因是距其公司总部较近，并且距劳动密集型市场较近，从而有利于获取更高的垄断利润。

日本：二战后，在经济恢复时期，20世纪60年代后期至20世纪70年代初和1985年日本曾出现过三次“外资企业高潮”。但在20世纪80年代后期的泡沫经济崩溃之后，外资企业呈波动式急剧下滑趋势，1991年外资投资额为43亿美元，1992年外资投资额为40亿美元，1995年外资投资额降至38亿美元左右。进入1996年度后，一度冷淡下来的对日投资再度膨胀，直接投资额接近68亿美元。按美元计算，该年度的对日直接投资额，比1995年度增加78.5%；按日元计算，增加108.5%。到1998年11月，累积投资以日元计算估计比1997年增长3.2倍。虽然日本对外直接投资下降11%，但1999年外国对日本市场投资却很活跃，外国企业的对日直接投资是1998年的3.4倍，达1.4万亿日元，首次突破1万亿日元。外国对日本的直接投资新动向是由以下原因导致的：日本的市场规模和收入水平在世界上仍居最高行列；日本市场规模达4.2万亿美元；日本人均国民生产总值为333 319美元，比美国高出约10%。这就使日本对新一代产品的购买力强，正好满足先进工业化国家对投资市场的要求。此外，外资进入的

障碍因素在减少。例如，日本的经济地位以前很高，但从泡沫经济破灭以后，其经济地位大幅度下跌。20世纪90年代以后，在经济长期萧条、政府多次发动刺激政策收效甚微的情况下，日本政府考虑放松规制，为外资进入日本和在日外资企业扩大再投资提供了比以往更宽松的政策环境。

【启示】国际资本流动是世界政治经济发展的必然结果；西方国家在国际直接投资中仍占据主导地位。

资本跨国大规模流动是近年来国际金融市场的重要现象，特别是国际资本在发达国家与新兴市场国家之间的流动更为普遍。大量的资本流动在给资本匮乏国带来发展机会的同时，也隐含着巨大的经济和金融市场波动风险。因此，合理利用外国资本，促进资本的合理流动是世界各国共同面临的重要课题。

第一节　国际资本流动概述

一、国际资本流动的含义

国际资本流动（Capital Movements）是指资本在国际上的转移或资本跨越国界的移动过程。国际资本流动是由于各国为了某种经济目的进行国际经济交易而产生的。一个国家的国际收支平衡表中的资本和金融账户，反映着这个国家在一定时期内同其他国家或地区间的资本流动综合情况。

国际资本流动主要涉及资本流动方向，包括流入和流出及流向何处；资本流动规模，包括总额和净额；资本流动种类，包括长期和短期；资本流动性质，包括政府和私人；资本流动方式，包括投资和贷款等。

二、国际资本流动的类型

根据期限不同，国际资本流动分为：

（一）短期资本流动

短期资本流动指期限在一年及一年以下资本的流入和流出，具有复杂性、投机性和市场性等特点。其主要形式如下：

（1）贸易性资本流动，即国际贸易往来引起的货币资本在国际上的转移，包括信用放款、抵押放款和票据贴现等。

（2）金融性资本流动，即各国经营外汇业务的金融机构由于相互之间的资金往来引起的资本在国际上的转移，包括套期、头寸调拨和同业拆借等。

（3）保值性资本流动，即为避免利率、汇率等波动带来损失而进行的保值活动所引起的资本在国际上的转移。

（4）投机性资本流动，即为赚取利润进行投资活动而引起的资本在国际上的转移，如套利、套汇等。

（二）长期资本流动

长期资本流动指期限在一年以上的资本的流入和流出，主要包括国际直接投资、一年期以上的国际证券投资和中长期国际贷款。

1. 国际直接投资（Direct Investment）

国际直接投资指一个国家的居民直接在另一个国家的投资，并对所投资企业有经营管理控制权。本国在外国的直接投资是资本输出，外国在本国的直接投资是资本流入。国际直接投资的主要形式如下：

（1）开办新企业，即绿地投资（Greenfield Investment），包括设立分支机构、附属机构、子公司或同别国资本创办合资企业，或者收买现有的外国企业。对新企业，特别是对分支机构和合资企业的投资，可以不限于货币资本，机器、设备或存货都可以作为投资资本。

（2）收买并拥有外国企业的股权达到一定的比例。例如，美国政府规定，外国公司购买一家企业的股票超过10%便属于直接投资；日本则规定该比例为20%。

（3）保留利润额的再投资（Reinvestment），即投资国在其国外企业获得的利润并不汇回本国，而作为保留利润对该企业进行再投资。

（4）BOT投资，即建设—经营—转让（Build-Operate-Transfer），指东道国政府与投资国政府或跨国公司签订协议，授权投资者自己融资，在东道国建设某项基础设施，并在一段时间内经营该设施，在收回投资和规定的利润后，将所有权和经营权转让给东道国政府。与BOT类似的方式有BOOT（建设—拥有—经营—转让，Build-Own-Operate-Transfer）和BOO（建设—拥有—经营，Build-Own-Operate）。这三种方式私营化程度依次递增。

2. 国际证券投资（Portfolio Investment）

国际证券投资也称间接投资，是指一国投资者通过购买外币有价证券而进行的投资活动。证券市场的投资者，可以是政府、企业或个人，筹资者可以是政府、企业以及国际金融机构。国际证券投资主要包括股票投资和债券投资。

3. 中长期国际贷款

中长期国际贷款指各国政府、国际银行或其他国际金融机构之间单方面或相互提供的中长期贷款。国际贷款主要包括政府贷款、国际金融机构贷款和国际银行贷款三种形式。

三、国际资本流动的原因

资本在国际上流动的根本原因是各国的资本收益率不同，资本会从低收益率的国家或地区流向高收益率的国家或地区转移。具体而言，国际资本流动的原因可以从资本的输出与输入两方面加以分析。

（一）国际资本输出的原因

在资本输出方面，追求高收益率以及规避风险是其主要原因。

1. 利润驱动

追逐利润是资本运动的内在动力，若一国国内投资的利润率低于其他国家，就会引起资本流出；反之，则会引起资本流入。当前，新兴市场国家吸引了大量的国际资本流动，其主要动机是看中了这些国家较高的利润率。

2. 规避风险

投资者在进行国际投资时，不仅要考虑在一国投资的利润率，还要考虑其面临的风险。若一个国家的利润率很高，但投资风险也很高，那么投资者非但不会把资本投入到该国，反而还要减少甚至调出对该国投入的资本。影响一国风险的因素主要有政治风险、经济风险以及战争风险。政治风险主要是指由于政变、罢工或者政策改变等政治因素而引起的遭受损失的可能性。经济风险主要是指由于一国经济环境的变化而给投资者带来损失的可能性。战争风险主要是指一国可能或已经爆发战争而给资本流动带来影响的可能性。

3. 国际恶性投机

恶性投机是指投资者出于盈利目的或政治目的为打压一种货币而抢购另一种货币的行为。这会导致资本的大规模外逃，导致一国的经济衰退。1997 年的东南亚金融危机，就是美国投机家索罗斯控制的量子基金作祟，其大规模投机东南亚国家货币贬值，从而引发了整个地区金融市场的动荡。

（二）国际资本输入的原因

在资本输入方面，弥补国际收支逆差、缓解国内资金短缺而利用外资和引进国外先进技术是其主要原因。

1. 弥补国际收支逆差

国际资本流动与国际收支差额有着重要的联系，很多国家利用国际资本流动来调节国际收支。当国际收支出现逆差时，可以通过资本输入进行暂时性弥补。一方面，通过建立外向型企业进行资本输入，实现进口替代和出口导向，从而促进出口，缓解国际收支逆差的局面；另一方面，可以通过借款作为弥补国际收支差额的来源。

2. 利用外资策略的实施

各国在经济发展的过程中都会遇到资金不足的问题，尤其是发展中国家。为了解决资金短缺的问题，各国都会不同程度地吸引外资。各国通过开放市场、税收优惠等措施吸引外资投入，从而引进国际资本的流动。

3. 引进国外先进技术

发展中国家为发展本国经济，会通过政策优惠来吸引从发达国家引进先进技术设备。通常情况下，当资本从一国流向另一国时，也会伴随先进技术的转移。这是由于国际资本流动的主要形式——国际直接投资往往包括技术入股、技术转让等。

四、国际资本流动的经济影响

（一）对世界经济的影响

1. 增加世界经济的总产出和总利润

资本在国际上进行转移意味着资本输出国在资本输入国创造的产值会大于资本输出国因资本流出而减少的总产值。国际资本流动不仅调节了世界范围内的资本分布与使用的不均衡，而且也加强了世界各国之间的经济联系、经济依存和经济合作关系，使国家分工在世界范围内充分展开，从而使世界经济获得进一步发展。

2. 推动国际金融市场发展

资本在国际上的转移，促进了金融业尤其是银行业在世界范围内的广泛发展。银行网络遍布全球，同时也促进了跨国银行的发展与国际金融中心的建立。这些都为国际金融市场一体化奠定了基础。

3. 加剧国际金融市场的不稳定性

国际资本自由流动为投机者提供了更多的投机机会，特别是具有极强投机性的短期国际资本流动。利用国际金融市场的汇率、金融资产价格的波动进行频繁的投机活动，会造成汇率和其他金融资产价格的剧烈波动，从而增加国际金融市场的不稳定性。

4. 拉大各国经济发展水平的差距

资本与金融账户的开放使经济实力弱、竞争力差的国家更容易受到冲击，而经济实力强大的国家则更容易获取利益。这样就会逐渐加大世界两极分化的程度，不利于世界经济的稳定和平衡发展。

（二）对一国经济的影响

1. 对资本输入国的影响

吸收外资能促进输入国的经济发展和技术进步。其积极影响表现如下：

（1）资本输入能够缓解国际收支逆差。资本输入国通过引进先进技术，能够提高本国商品的国际竞争力，从而带动其商品的出口并增加外汇收入，缓解国际收支逆差的局面。

（2）引进先进技术。资本输出国常常通过技术转让、技术入股等方式向资本输入国提供较为先进的技术和设备来增加其利润，这会促进资本输入国国内产业结构的更新换代以及新兴产业的发展。

（3）缓解资金短缺。鼓励外资流入可以缓解资本输入国投资不足，促进其经济发展。

（4）促进就业。通过资金、技术、设备等外资流入，可以为资本输入国扩大就业市场，创造更多的就业机会。

其消极影响表现如下：

（1）过多的引入外资会冲击本国产业，抢占本国市场。资本输出国往往为跨越贸易壁垒通过资本投入的方式进入资本输入国，使其民族产业受到打击，发展受限。

（2）资本输入国如果过多地进行国际贷款或发行国际债券，会使本国陷入债务危机。

2. 对资本输出国的影响

对外进行资本输出能展示资本输出国的经济实力，扩大其国际影响力。其积极影响表现如下：

（1）促进资本输出国商品出口。一方面，资本输出国不仅可以将本国设备等作为资本进行对外投资，还可以在被投资企业中使用本国原材料及半成品，依靠投资拉动本国商品出口，提高本国商品在国外的影响力和市场占有率。另一方面，资本输出国通过对外直接投资的方式将资本、设备、技术等投入到外国，就可以跨越贸易壁垒，促进资本输出国商品的出口。

（2）有利于资本输出国扩大商品市场。通过直接投资方式在其他国家开办企业，资本输出国可以利用其他国家的资源扩大生产，拓宽其产品市场。

过度的资本输出也会给资本输出国带来消极影响。其消极影响表现如下：

（1）对外投资会减少资本输出国的国内投资和就业机会，影响其国内的经济发展和市场稳定。

（2）有可能使资本输出国产生更多的国际竞争对手，影响其产品市场的进一步扩大。

（3）被投资国经济环境的变化使资本输出国面临投入资本遭受损失的风险。

第二节 国际资本流动管理

布雷顿森林体系解体后，一些发达国家开始放宽对资本流动的管理。随后，一些发展中国家也开始开放其资本账户及资本市场，国际资本流动随之呈现出不断加速的趋势。国际资本在世界范围内的自由流动，一方面给国际收支逆差国带来了弥补逆差的机会，另一方面也使很多国家陷入了债务危机的困境中。因此，对国际资本流动进行有效管理成为各国政府关注的问题。

一、国际资本流动管理概述

（一）资本管理

资本管理是对资本账户交易额进行限制，包括限制资本流动的数量以及对资本流动征税。其主要表现如下：

（1）对居民国外直接投资或非居民的国内直接投资的管理，主要包括利润和本金的汇回约束、税收标准差异和所持股份的数量限制等。

（2）证券投资管理，主要包括对居民国外发行和购买证券或非居民国内发行和购买证券的限制，也包括对红利和资本所得的汇回及居民和非居民之间的资金转移限制等。

（3）居民和公司国外债务交易的管理，主要包括对外债务限额控制、对所累积的外部债务进行征税或由管理当局进行审批等措施。

（4）存款账户管理，主要包括对居民和非居民在本地的外汇存款、居民在国外的本币存款及非居民的本币存款等进行开户限制和金额约束等措施。

（5）其他资本账户的管理，主要包括对不动产交易、移民津贴限制和其他形式的资本转移的限制等。

（二）外汇管理

外汇管理指对外汇兑换施行的限制性措施，主要是针对货币兑换、外汇资金的收入和使用及汇率种类进行管理。发达国家一般外汇管理较松，而发展中国家往往外汇管理较严。

货币兑换管理是最常见的外汇管理形式，是指对本国货币与外国货币兑换或交易的限制。

外汇资金的收入和使用管理包括强制结汇制度、有条件售汇制度及对金融机构开展外汇相关业务的限制等。

对外汇种类的管理是指实行单一汇率、双重汇率或多重汇率。一国为扩大贸易收支、鼓励出口、限制外汇流出，可能同时采用不同水平的贸易汇率和金融汇率。

外汇管理是一国进行国际资本流动管理的重要手段，可以通过有效的外汇管理达到改善国际收支状况、稳定本币汇率、较少汇率风险和稳定金融市场的积极作用。但外汇管理也会产生一些消极影响，如造成汇率扭曲、降低资源配置的效率、催生地下经济的发展、不利于经济的长期稳定等。

（三）外债管理

外债是指任何特定时间内，一国居民对非居民承担的具有契约性偿还责任的债务，包括偿还本金和支付利息。外债主要包括官方债务、企业债务和民间债务。其中，官方债务又包括主权债务与政府债务。国际上用来衡量一国外债水平的指标主要如下：

（1）负债率，即当年未清偿外债余额与当年国民生产总值比率。20%为控制外债总量和结构的警戒线。负债率公式如下：

负债率=（当年未清偿外债余额/当年国民生产总值）×100%　　（公式 8.1）

（2）债务率，即指当年未清偿外债余额与当年商品劳务出口总额的比率。100%为其警戒线。债务率公式如下：

债务率=（当年未清偿外债余额/当年商品劳务出口总额）×100%　　（公式 8.2）

（3）偿债率，即当年外债还本付息总额与当年商品劳务出口总额的比率。25%为其警戒线。偿债率公式如下：

偿债率=（当年外债还本付息总额/当年商品劳务出口总额）×100%　　（公式 8.3）

（4）短期债务比率，即当年外债余额中，1 年和 1 年以下短期债务所占的比重。25%为其警戒线。短期债务比率公式如下：

短期债务比率=（短期外债余额/当年未清偿外债余额）×100%　　（公式 8.4）

如果有关指标处于警戒线以下时，说明外债是适度的；相反，如果外债有关指标超过警戒线，那么一国就要相应调整其外债总量及结构。

二、外债危机产生的原因

外债管理主要包括对债务规模的管理和结构的管理。其中，规模的管理直接影响到偿债能力的实现。当一国的外债规模超过其偿付能力时，就会出现外债危机。

外债危机是指一国不能按时偿还其国外债务导致相关国家和地区甚至国际金融市场动荡的一种金融危机。

（一）外部原因

1. 国际金融市场美元利率和汇率上浮

国际金融市场利率提高会增加债务国的债务成本。发展中国家的借款主要由商业银行以美元形式提供，因此美元利率和汇率的增加都会对这些国家偿债造成巨大的负担。

2. 国际商业银行贷款政策变化

20 世纪 70 年代初期，美国国内的扩张性货币政策和持续性的国际收支赤字，使大量美元流向国外，促进了欧洲美元市场的发展。1982 年以后，国际贷款的风险增大，商业银行随即大幅减少了对发展中国家的贷款，这使得发展中国家借新债还旧债的运作模式遇到周转困难，对国际债务危机的形成和发展起了推波助澜的作用。

（二）内部原因

1. 外债规模过度扩张

外债作为建设资金的一种来源，需要确定一个适当的借入规模。一般把偿债率作为控制债务的标准，一国的出口创汇能力决定了其外债清偿力。因此，举借外债的规模要受制于偿还能力，即出口创汇能力。如果债务增长率持续高于出口增长率，就说明国际资本运动在使用及偿还环节上存在着严重问题。

2. 外债结构不合理

（1）商业贷款比重过大。商业贷款期限一般较短，而且在经济局势较好时，国际银行愿意不断地贷款，借债国家就可以不断地通过借新债还旧债来“滚动”发展。但在经济发展中一旦出现某些不稳定因素，如政府的财政赤字过大、巨额贸易逆差或政局不稳等使市场参与者失去信心，外汇储备不足以偿付到期外债时，银行就不愿新增贷款了。

（2）外债币种过于集中。如果一国外债集中于一两种币种，汇率风险就会变大，一旦该外币升值，则外债价值就会增加，增加负债国的偿债负担。

（3）期限结构不合理。如果短期外债比重过大，超过国际警戒线，或未合理安排偿债期限，都会造成偿债时间集中，若流动性不足以支付到期外债，就会爆发危机。

3. 外债使用不当

许多债务国在大量举债后，没有根据投资额、偿债期限、项目创汇率以及宏观经济发展速度和目标等因素综合考虑，未能制定出外债使用方向和偿债战略，急于盲目从事大工程建设。由于这类项目耗资多、工期长，短期内很难形成生产能力，无法创造出足够的外汇，造成债务积累加速。

三、外债危机解决方案

（一）债务重新安排

当一国无力偿还外债时，可以与债权人协商要求将债务重新安排。这样一方面债务国可以有机会渡过难关，重整经济；另一方面债权人也有希望收回贷出的本金和应得的利息。其主要解决途径如下：

1. 官方债务重新安排

“巴黎俱乐部”负责官方债务重新安排，帮助要求债务重新安排的债务国和各债权政府，一起协商寻求解决的办法。通常，参加“巴黎俱乐部”的债务国，要先接受国际货币基金组织的经济调整计划，然后才能向会议主席提出债务重新安排会议。获得重新安排的借款只限于政府的直接借款和由政府担保的各种中期、长期借款，短期借款很少获得重新安排。典型的重新安排协议条款包括将现在所有借款的80%~100%延长时间偿还，通常有4~5年的宽限期，然后分8~10年时间偿还。至于利率方面，会议不做明确规定，而由各债权国与债务国协商。

2. 商业银行债务重新安排

商业贷款的债权银行数目可能十分庞大，每家银行自然都会尽最大努力去争取自己的利益，因此商业银行债务重新安排在某种意义上比官方债务重新安排更复杂。商业银行主要对本期或一年内到期的长期债务重新安排，有时也包括到期未付的本金，但对利息的偿还期不予重新安排，必须在偿还利息欠款后，重新安排协议才能生效。债务重新安排后典型的还款期为6~9年，包括2~4年的宽限期，利率会高于伦敦银行同业拆放利率。

（二）债务资本化

债务资本化是指债务国将部分外债转变为对本国企事业单位的投资，包括债务转移股权、债务转用于资源保护以及债务调换等，从而达到减少其外债的目的。

1. 债务转换股权

债务转换股权的基本步骤如下：首先，由政府进行协调、转换的债务必须属于重新安排协议内的债务。债权方、债务方和政治各方经谈判同意后，委托某中间机构将带给公共部门或私人部门的贷款向二级市场打折扣出售。其次，投资人向债务国金融当局提出申请。在取得同意后，即以这一折扣买下这笔债务，继而到债务国中央银行按官方汇率贴现，兑换成该国货币。最后，投资人使用这笔货币在该债务国购入股权进行投资。于是这笔债务便从债务国的外国贷款登记机构注销而转入股票投资登记机构。

2. 债务转用于资源保护

债务转用于资源保护是指债务国通过债务转换取得资金用于保护自然资源。其具体做法为世界野生物基金组织同债务国金融机构、中央银行、政府资源管理机构或私人自然资源保护组织达成原则协议，确定兑换当地货币的汇率及管理和使用这笔资金的代理机构，然后以收到的捐赠资金从私人银行或二级市场以折扣价购进债务后，转售给债务国资源管理机构或私人自然资源保护机构，并向该国中央银行兑换成该国货币，然后再交给资源保护机构用于环保项目投资。

3. 债务调换

债务调换是指债务国发行新债券以偿付旧债。其具体做法为一国以债券形式举借新债，出售债券取得现款，以便在二级市场上回购债务，或直接交换旧债。

本章小结

国际资本流动是资本跨境转移的活动。国际资本流动一般分为长期资本流动和短期资本流动。短期资本流动主要包括贸易性资本流动、金融性资本流动、保值性资本流动和投机性资本流动。长期资本流动主要包括国际直接投资、国际证券投资和国际贷款三种主要方式。

20 世纪 90 年代以来，国际资本流动呈现出一些新的趋势和特点：间接投资超过直接投资的规模，并表现出证券化的趋势；发展中国家成为国际资本流动的一支重要力量；国际资本流动的绝对虚拟化趋势显著。

国际资本流动的大规模发展对资本输出国、资本输入国以及国际经济形势产生深远的影响。这种影响是双重的，既有积极的作用，也有消极的作用。

外债是一定时期内一国居民对非居民应还未还的具有契约性偿还义务的债务总额。衡量外债高低的指标主要有负债率、债务率、偿债率等。

外债危机是指一国不能按时偿还其国外债务导致相关国家和地区甚至国际金融市场动荡的一种金融危机。

复习思考题

1. 简述国际资本流动的主要类型及其特征。
2. 什么是国际直接投资？试分析国际直接投资对东道国和母国的利弊。
3. 简述国际债务危机的解决措施。

实训操作

通过互联网查找拉美债务危机相关资料并讨论其成因、解决措施。

第九章　国际金融危机

学习目标

- 掌握金融危机的定义、成因、防范及应对措施
- 了解金融危机的典型案例

专业术语

金融危机　　货币危机　　债务危机　　银行危机　　次贷危机

案例导入

东南亚金融危机始于泰国，1997 年 2 月，国际金融市场出现大规模抛售泰铢的风潮，尽管泰国中央银行采取种种措施，打击货币投机商，以稳定泰铢汇率，但都没有取得预想的效果，泰铢汇率剧烈波动。1997 年 7 月，泰国政府被迫放弃原有的固定汇率制度，开始实行浮动汇率制度，泰铢汇率下跌 16%。泰国的金融危机迅速波及东南亚其他国家，马来西亚、菲律宾和印度尼西亚的外汇市场也出现了震荡。后来，菲律宾宣布将固定汇率制度改为“根据市场因素在更大范围内浮动”的机制，菲律宾比索当即贬值 11.6%。马来西亚中央银行虽然动用外汇储备入市干预，但仍未能组织马来西亚林吉特汇率的跌势。1997 年 8 月 14 日，印度尼西亚政府也宣布放弃固定汇率制度而采取浮动汇率制度。

【思考】东南亚金融危机是一次典型的金融危机，那什么是金融危机？金融危机是如何产生的？有哪些典型的金融危机呢？

第一节　金融危机概述

一、金融危机的含义

金融危机（Financial Crisis）是指多个国家与地区的全部或大部分金融指标（如短期利率、货币资产、证券、房地产、商业破产数和金融机构倒闭数等）的急剧、短暂和超周期的恶化。金融危机具体表现为货币大幅度贬值、股市下跌、金融机构不良资产急剧上升、企业大量倒闭、失业率提高、经济萧条，甚至有些时候伴随着社会动荡或国家政治层面的动荡。

二、金融危机的类型

（一）货币危机

货币危机是指对货币的冲击导致货币大幅度贬值或国际储备大幅下降的情况。对货币的冲击既包括对某种货币的成功冲击（导致该货币的大幅贬值），也包括对某种货币的未成功冲击（只导致该国国际储备大量下降而未导致该货币大幅贬值）。货币程度可用外汇市场压力指标来衡量，该指标是汇率（按直接标价法计算）月变动率与国际储备月变动率相反数的加权平均数。当该指标超过其平均值的幅度达到方差的 3 倍时，就将其视为货币危机。

简而言之，货币危机是人们对一国的货币丧失信心，大量抛售该国货币，从而导致该国货币的汇率在短时间内急剧贬值的情形。货币经济通常由泡沫经济破灭、银行呆账坏账增多、国际收支严重不平衡、外债规模过于庞大、财政危机、政治动荡和对政府的不信任等问题引发。例如，1994 年墨西哥比索对美元的汇率和 1997 年泰铢对美元的汇率骤然下跌，都属于典型的货币危机。

（二）债务危机

债务危机是指一国承受债务还本付息压力过大而影响其经济运行的情况。衡量一个国家外债清偿能力有多个指标，其中最主要的是外债清偿率，即一个国家在一年中外债的还本付息额占当年或上一年出口收汇额的比率。一般情况下，这一指标应保持在 20%以下，超过 20%就说明外债负担过高。

发展中国家的债务危机起源于 20 世纪 70 年代，爆发于 20 世纪 80 年代初。1976—1981 年，发展中国家的债务迅速增长。1981 年，发展中国家外债总额积累达 5 550 亿美元。到 1985 年年底，发展中国家债务总额又上升到 8 000 亿美元。1986 年年底这一数字为 10 350 亿美元。其中，拉丁美洲地区国家的债务所占比重最大，约为全部债务的 1/3，其次为非洲，尤其是撒哈拉以南地区国家，危机程度更深。1985 年，这些国家的负债率高达 200%以上。全部发展中国家受债务困扰比较严重的主要有巴西、墨西哥、阿根廷、委内瑞拉、智利和印度等国。

（三）银行危机

银行危机是指银行过度涉足高风险行业（如房地产和股票）或贷款给这些行业的企业，从而导致资产负债严重失衡、呆账负担过重、资本运营呆滞而破产倒闭的危机。银行业是金融业的主体，在一国社会经济生活中具有非常重要的地位，也关系到广大的民众。

20 世纪 90 年代以来，世界频繁发生银行危机，引发银行危机的往往是商业银行的支付困难，即资产流动性缺乏，而不是资不抵债。银行危机具有多米诺骨牌效应，一家银行倒闭困难会引发数十家银行倒闭甚至一国银行体系的瘫痪。这是因为资产配置是商业银行等金融机构的主要经营业务，各金融机构之间因资产配置而形成复杂的债权债务关系，这使得资产配置风险具有很强的传染性。一旦某个金融机构资产配置失误，不能保证正常的流动性头寸，则单个或局部的金融困难就会演变成全局性的金融动荡。

（四）次贷危机

次贷危机又称次级房贷危机，是指由美国次级抵押贷款引发的，从 2006 年春季开始显现，2007 年 8 月席卷美国、欧盟和日本等世界主要金融市场的一场金融危机。次贷危机是继美国 20 世纪 30 年代大萧条以来最为严重的一次金融危机。

在 2006 年以前的 5 年里，由于美国住房市场持续繁荣，次级抵押贷款市场迅速发展。随着美国住房市场的降温尤其是短期利率的提高，次级贷款还款利率也大幅上升，购房者的还贷压力加重。同时，住房市场的持续降温也使购房者出售住房或通过抵押住房再融资变得困难。这种局面直接导致大批次级贷款的借款人不能按期偿还贷款，进而引发了次贷危机。美国的次贷危机迅速扩散到整个金融市场，引起美国股市剧烈动荡，大量金融机构破产和倒闭，影响了消费信贷和企业融资，使美国经济陷入衰退。与此同时，全球都出现了投资次级债的损失，再加上投资者紧张情绪的蔓延，危机很快影响了全球经济的增长。

三、金融危机的成因

（一）汇率制度选择不当

金融危机通常与固定汇率制度相联系，由于固定汇率可以降低汇率波动的不确定性，因此发展中国家倾向于选择固定汇率制度，将本国货币盯住发达国家的货币。但是，这样的汇率制度安排往往会使本币币值高估、削弱货币政策的独立性，并且需要较为雄厚的外汇储备作为维持固定汇率制度的保障。本币币值高估，使发展中国家出口商品的竞争力下降，经常项目顺差持续减少，甚至出现巨额逆差。再加上其他不稳定因素，极易引发资本外逃，本币出现巨大的贬值压力，发展中国家不得不进行外汇干预，外汇储备快速消耗，国内利率大幅提高。随着中央银行维持固定汇率制度的成本不断提高，最终难以为继，只得放弃固定汇率制度，转而实行浮动汇率制度，本币出现恶性贬值，爆发货币危机。

（二）金融体系脆弱

在许多发展中国家，银行收入过度集中于贷款收益，但风险管理和控制能力又较为薄弱。信贷规模过度膨胀，其增长速度远远超过了工商业的增长速度和储蓄的增长速度，迫使许多银行向国外举债。这些资本充足率较低而又缺乏严格监管的银行在国际金融市场大肆借款，再贷款给国内，由于币种、期限的不匹配，从而积累大量不良贷款，银行系统也就越发脆弱。

（三）经济基础薄弱，财政赤字严重

强大的制造业、合理的产业结构是防止金融动荡的坚实基础，产业结构的严重缺陷是造成许多国家经济危机的原因之一。有些国家产业结构调整滞后，经济发展过多依赖初级产品的矿产资源的出口，或长期停留在劳动密集的加工制造业。此外，政府为刺激经济，采取了扩张性的宏观经济政策，从而使财政赤字不断扩大。

（四）跨国传播

贸易自由化、区域经济一体化，特别是国际资本流动的便利化，使得一国发生金融危机后，极易引起邻近国家的金融市场发生动荡，新兴市场表现尤为明显。一方面，投资者担心其他投资者会抛售证券，为防止自身损失，从而做出抛售决定；另一方面，若投资者在一国资产上出现亏空，他们会通过在其他新兴市场出售类似的资产弥补整个资产的亏损。

四、金融危机的防范与应对

（一）防范措施

就历史经验来看，金融危机的爆发通常都经过一段相当长时间的能力积蓄，最后由某一个或几个因素引爆。综合各国的经验教训，金融危机的防范措施主要如下：

1. 适当的汇率制度

一个国家应当选择与本国经济发展状况相适应的汇率制度。发展中国家应确立相对稳定的汇率制度，相对稳定的汇率制度便于贸易与投资，减少相关汇率风险。适时调整是要避免币值高估或低估，以免给货币投机留下可乘之机。

2. 健全的金融体系

一个健康、健全的金融体系要求具备以下条件：具有足够的风险管理能力和竞争能力的金融机构；具备充分的财务管理能力、良好的财务结构、资产与负债比率保持合理水平的企业；建立在市场竞争机制基础上的银企关系；能够建立且有效进行决策的中央银行等。

3. 合理的外债规模

在全球化时代，积极地举借外债已成为发展中国家决策者的常规选择，然而过度依赖外资是引发新兴市场金融危机的重要原因。因此，外资在国内总投资所占比重应适度，利用外资要与国家的对外支付手段和融资能力相适应。

4. 保持区域金融稳定

加强区域经济合作、保持区域金融稳定、区域经济大国发挥更重要的稳定作用以及建立风险转移机制等都是经济全球化背景下防范金融危机的重要问题。

（二）应对措施

由于各国国情以及政治、经济、外部环境不同，应对危机的方法与手段则有较大差异。但是，金融危机的突出表现就是传染性，一些应对危机的有效措施还是具有重要借鉴意义的。

1. 控制资本外流

在出现大规模资本外流时，可以对资本外流进行控制。一是由政府单方面宣布控制资本外流。例如，日本就通过立法规定，当出现国际收支失衡、日元汇率急剧波动、资本流动对金融市场带来不良影响等非常情况下，有关部门可对资本交易实施管制。

二是国际货币基金组织等国际组织宣布“冻结债务”，防止国外债权人（国际银行、投资者）单方面撤资情况的出现，并建立一种能够以适当方式使债权人与债务人分担损失的机制。

2. 汇率制度改革

固定汇率制度下，本币和挂钩货币的币值容易产生不对称的变化，这就削弱了各国货币政策的独立性，扩大了国内外利差，使各国对短期外债的依赖性不断加深。固定汇率制度变更后，不仅可以使汇率水平在经过巨幅贬值后回升，还可以刺激出口、抑制进口，使得贸易赤字不断减小。同时，汇率制度改革有助于增强各国货币政策的独立性，使各国货币当局能够灵活运用利率杠杆促进经济发展。

3. 迅速的金融调整与强力的金融监管

1999 年的巴西政府为平息金融动荡，中央银行首先提高利率水平，防止资金大量外流，稳定金融市场。当市场相对稳定后，中央银行又及时分期下调利率，减轻对企业的冲击。中央银行对在金融动荡中参与股市炒作、有违规行为的金融机构和企业进行调查，对违规的金融机构和企业给予相应制裁。同时，中央银行还制定了一系列稳定金融市场的规定，包括任何银行和企业不得联手进行投资基金的操作与交易，任何银行不得为自己管理的基金进行担保，任何金融机构不得用自己发行的债券对自己的业务进行担保。此外，中央银行加强了对外汇市场的监督，提高交易透明度，对外汇交易在时间和数量上进行限制。

4. 有效引导公众预期，争取公众的支持

金融危机通常集中反映了国外投资者与国内公众的信心危机。稳定国外投资的信心，尤其是争取国内公众对反危机政策的理解和支持，对稳定经济局势、摆脱危机、恢复经济具有重要作用。

5. 区域合作机制的快速启动

区域合作能及时获得金融支持，以防止信任程度下降，从而平抑市场动荡，比国际合作或接受国际货币基金组织的救援更加有效。区域金融合作包括加强中央银行之间的磋商、货币互换协议等。

第二节　金融危机的典型案例

20 世纪 90 年代以来，金融危机频频发生，先后施虐于西欧（1992—1993 年）、墨西哥（1994—1995 年）、东南亚（1997—1998 年）、俄罗斯（1998 年）、巴西（1999 年）、土耳其（2001 年）、阿根廷（2001—2002 年）等国家或地区。大多数遭受金融危机侵袭的国家或地区几乎都经历了同样的过程，即固定汇率制度—经济快速增长—货币价值高估—财政赤字不断上升、国际收支持续恶化—货币贬值—金融危机爆发。本节对几次典型的金融危机进行分析。

一、1992—1993 年欧洲货币体系危机

1979 年，欧洲货币体系（Europe Monetary System，EMS）正式建立，联邦德国、法国、意大利等 8 个国家构建了联合浮动的汇率制度。具体而言，就是该货币体系内部，各个国家之间实行固定汇率制度，整个货币体系对外实行统一的浮动汇率制度。

（一）爆发过程

1990 年，联邦德国和民主德国统一，德国的经济实力因此大大增强，但同时德国政府也出现了巨额财政赤字，造成通货膨胀压力上升。为了缓解通货膨胀压力，德意志联邦银行收紧银根，连续提高再贴现率。而英国、意大利等国则经济不景气，经济增长缓慢、失业增加，其需要降低利率水平、刺激企业投资、扩大就业、刺激居民消费以提振经济。因此，德国和英国、意大利等国的利差扩大，使外汇市场上出现了抛售英镑、里拉，购买德国马克的风潮，致使德国马克不断升值。为了维持意大利里拉与欧洲货币单位之间的平价关系，到 1992 年 9 月 11 日，德意志联邦银行动用了 240 亿马克对外汇市场进行干预。但是由于投机压力过大，欧洲货币体系不得不在同年 9 月 13 日同意里拉贬值，里拉对欧洲货币单位一次性贬值幅度达到 7%，之后里拉退出了联合浮动机制。为保护英镑，英格兰银行损失数十亿美元，但最终也不得不于 1992 年 9 月 16 日宣布英镑对欧洲货币单位之间的汇率开始浮动，退出联合浮动机制。1992 年年底前后，西班牙、葡萄牙、爱尔兰等国家相继宣布本币贬值。

（二）危机原因分析

欧洲货币体系危机爆发的原因主要集中在欧洲货币体系建设目标与各国货币政策独立性之间的矛盾上。其具体表现如下：

1. 刺激经济复苏的目标与欧洲联合建设目标之间存在矛盾

西欧大多数国家经济自 1990 年下半年始增长速度明显下降，为遏制经济进一步衰退，尽快摆脱困境，各国都需要刺激消费和投资，促使经济回升。但是履行欧洲货体系要求的承诺，维持本币与马克之间的货币兑换平价，就要与德国保持一致，提高本国利率，牺牲本国经济。

2. 国际资本和国内资本的影响

美国经济自 1991 年开始陷入衰退，为了刺激经济复苏，其连降利率，而德国出于抑制通货膨胀的目的而保持高利率，投资者大量抛售美元，买进马克。在德国国内，由于德国经济增长前景不乐观，大量资本从股票市场涌入外汇市场投资马克，致使马克汇率格外坚挺，增加了欧洲其他软货币贬值的压力。

3. 欧共体各国经济发展不平衡

德国经济状况尚好，但由于两德统一，亟须对东部地区进行经济改造、基础设施建设，政府开支巨大，面临巨额财政赤字和通货膨胀的压力。而英国等国家的经济未能摆脱衰退状况。解决国内问题仍是各国的首要任务，使得各国采取不同的经济政策。

4. 欧洲货币体系的自身缺陷

欧洲汇率机制缺乏灵活性和弹性，这同成员国独立货币政策之间存在矛盾。该机

制使在经济和财政上的差异没有在其货币的汇率上表现出来，成员国并不能完全依据自身经济条件调整利率和汇率，政府间也缺少合作。

二、1994 年墨西哥比索危机

自 20 世纪 80 年代中期以后，墨西哥奉行新自由主义经济政策，实行对外高度开放和国内经济改革及政策调整，取得了宏观经济形势改善、经济相对稳定增长的积极成果。但与此同时，墨西哥在经济政策上也存在一些隐患，最终导致经济结构失衡、社会矛盾激化、政局不稳等后果。

（一）爆发过程

1994 年 3 月，墨西哥总统候选人遇刺，使得公众对墨西哥政局的稳定产生怀疑，开始出现大量资本外流，在短短两天内就失掉了 40 亿~50 亿美元的外汇储备。1994 年年底墨西哥外汇储备几乎枯竭，最后墨西哥政府被迫宣布新比索自由浮动，新比索贬值 65.8%，在汇率急剧下挫的同时，股市交易崩溃，金融危机爆发。

（二）危机原因分析

墨西哥比索危机的根本原因主要集中在自身经济改革和政策调整过程中存在的一些问题。其具体表现如下：

1. 经常项目巨额逆差是诱发金融危机的根本原因

贸易自由化使墨西哥在加入北美自由贸易区后，进口大幅增加，耗费了大量的外汇储备。资本流入提高了比索的币值，导致出口竞争力下降，推动经常项目的进一步恶化。比索高估阻碍了出口，刺激了进口，使得贸易逆差加大。

2. 国内经济结构失调是爆发金融危机的深层次原因

墨西哥民间投资严重不足，投资资金主要流向不动产、商业和金融市场，投机活跃，产业结构极不平衡。快速的私有化进程使国有资产大量流失，国家调控经济的能力严重削弱。经济发展过分依赖外资，同时政府对外资缺乏正确引导，资金的不稳定性导致经济增长的脆弱性。

3. 国内政治冲突及国际经济金融环境的变化是引发危机的直接原因

国内一系列暴力事件使投资者怀疑投资获利的可能性，动摇了市场信心。外部因素特别是美国利率的提高和美国经济复苏使投资者的注意力转向。这些都是促成资本外逃和引发危机的直接原因。

三、1997 年东南亚金融危机

进入 20 世纪 90 年代，随着日本、韩国、新加坡等的劳动力成本不断上升，促使以劳动密集型为主的外商投资企业开始转向劳动力成本相对较低的泰国、马来西亚、印度尼西亚等东南亚国家。同时，随着东南亚国家金融市场逐步开放，国际资本开始大量涌入。这些都带动了东南亚国家的出口增长和经济发展，使得国民收入和民间储蓄逐年增加。

但进入 20 世纪 90 年代后期，东南亚国家也开始出现劳动力不足的现象，工资逐年提高，促使劳动力密集型为主的外商投资企业开始转向其他地区。泰国、马来西亚、印度尼西亚等东南亚国家由于未能在资金大量流入时将其引向高科技产业，促进产业升级，提高国际竞争力，因此当劳动密集型产业逐渐移出去后，出口严重下滑，外汇短缺，经常项目赤字，银行不良资产上升，经济增长开始逐年下降。

（一）爆发过程

自 1997 年 6 月爆发到 1998 年年底基本结束的东南亚金融危机大体分为三个阶段：

第一阶段：1997 年 7 月 2 日，泰国宣布放弃固定汇率制，实行浮动汇率制，引发一场遍及东南亚的金融风暴。当天，泰铢兑换美元的汇率下降了 17%，外汇及其他金融市场一片混乱。在泰铢波动的影响下，菲律宾比索、印度尼西亚盾、马来西亚林吉特相继成为国际炒家的攻击对象。同年 8 月，马来西亚放弃保卫林吉特的努力。一向坚挺的新加坡元也受到冲击。印度尼西亚虽是受“传染”最晚的国家，但受到的冲击最为严重。同年 10 月下旬，国际炒家移师国际金融中心中国香港，矛头直指香港联系汇率制。中国台湾突然弃守新台币汇率，新台币一天贬值 3.46%，加大了对港币和香港股市的压力。1997 年 10 月 23 日，香港恒生指数大跌 1 211.47 点。1997 年 10 月 28 日，香港恒生指数下跌 1 621.80 点，跌破 9 000 点大关。面对国际金融炒家的猛烈进攻，中国香港特区政府重申不会改变现行汇率制度，恒生指数上扬，再上万点大关。同年 11 月 17 日，韩元对美元的汇率跌至创纪录的 1 008：1。21 日，韩国政府不得不向国际货币基金组织求援，暂时控制了危机。但到了 12 月 13 日，韩元对美元的汇率又降至 1 737.60：1。韩元危机也冲击了在韩国有大量投资的日本金融业。1997 年下半年，日本的一系列银行和证券公司相继破产。东南亚金融风暴演变为亚洲金融危机。

第二阶段：1998 年年初，印度尼西亚金融风暴再起，面对有史以来最严重的经济衰退，国际货币基金组织为印度尼西亚制定的对策未能取得预期效果。同年 2 月 11 日，印度尼西亚政府宣布将实行印度尼西亚盾与美元保持固定汇率的联系汇率制，以稳定印度尼西亚盾。此举遭到国际货币基金组织及美国、西欧的一致反对。国际货币基金组织扬言将撤回对印度尼西亚的援助。印度尼西亚陷入政治经济大危机。同年 2 月 16 日，印度尼西亚盾同美元比价跌破 10 000：1。受其影响，东南亚汇市再起波澜，新加坡元、马来西亚吉特币、泰铢、菲律宾比索等纷纷下跌。直到同年 4 月 8 日印度尼西亚同国际货币基金组织就一份新的经济改革方案达成协议，东南亚汇市才暂告平静。1997 年爆发的东南亚金融危机使得与之关系密切的日本经济陷入困境。日元汇率从 1997 年 6 月底的 115 日元兑 1 美元跌至 1998 年 4 月初的 133 日元兑 1 美元。1997 年 5~6 月，日元汇率一路下跌，一度接近 150 日元兑 1 美元的关口。随着日元的大幅贬值，国际金融形势更加不明朗，亚洲金融危机继续深化。

第三阶段：1998 年 8 月初，在美国股市动荡、日元汇率持续下跌之际，国际炒家对中国香港发动新一轮进攻。恒生指数跌至 6 600 多点。中国香港特区政府予以回击，金融管理局动用外汇基金进入股市和期货市场，吸纳国际炒家抛售的港币，将汇市稳定在 7.75 港币兑换 1 美元的水平上。一个月后，国际炒家损失惨重，无法再次实现把中国香港作为“超级提款机”的企图。国际炒家在中国香港失利的同时，在俄罗斯更遭惨败。俄罗斯中央银行于1998年8月17日宣布年内将卢布兑换美元汇率的浮动幅度扩大到6.0~9.5：1，并推迟偿还外债及暂停国债券交易。1998年9月2日，卢布贬值70%。这些都使俄罗斯股市、汇市急剧下跌，引发金融危机乃至经济、政治危机。俄罗斯政策的突变，使得在俄罗斯股市投下巨额资金的国际炒家大伤元气，并带动了美欧国家股市和汇市的全面剧烈波动。

（二）危机原因分析

1. 从经济增长目标来看，未能实现可持续的经济增长

对于发展中国家而言，要缩小与发达国家的差距，必须保持较高的经济增长速度。但是，东南亚国家在加快发展时，未能使效率和效益结合，环境被忽略和恶化、高层腐败、不完善的金融系统和贫富差距等问题都被掩盖。

2. 从经济结构来看，产业结构调整严重滞后

东南亚国家长期实行外向型经济，对外贸易在经济发展中至关重要，直到1995年，泰国、马来西亚、菲律宾、印度尼西亚等国出口仍有增长。进入1996年后，随着四国经济出现衰退，出口急剧下降。以泰国为例，其高度依赖传统初级产品的出口；因通货膨胀和泰铢的实际贬值，以美元计算的实际出口增长逐年下降；劳动力成本逐年上升，制成品出口竞争力提高缓慢；出口退税管理不善，虚假出口现象较多，骗税严重，进而导致虚假的出口高增长掩盖了出口竞争力下降的现实；进出口不平衡问题没有及时得到解决，进口结构偏向高档消费品，助长了国内经济过热现象。由此导致了1996年泰国经常项目赤字高达162亿美元。

3. 从政府的宏观调控来看，金融市场开放过快且汇率制度选择不当

一方面，随着东南亚经济快速发展和金融自由化的扩大，大量外资流入，金融市场开放速度过快，政府并未及时有效地进行调控和监管；另一方面，汇率制度选择不当，导致投机加剧，直接引致了危机爆发。

4. 从资本来源来看，外债负担过重

为了解决经济快速发展与资金缺乏之间的矛盾，东南亚国家大量向国外借款。1995年之后美元急剧升值，由于东南亚国家采取固定汇率制度，致使东南亚国家货币也随之升值，这就迫使政府不得不保持高利率，给大量短期投机活动提供了机会。

四、2007年美国次贷危机

2007年2月美国次贷危机爆发，影响波及全球，许多商业银行、投资银行、对冲基金、保险公司等金融机构都遭受损失。其不仅导致金融市场波动，而且也对实体经济造成了冲击。

（一）概念

次贷危机又称次级房贷危机（Subprime Lending Crisis）。在美国，根据借款人的信用状况、偿付额占收入比率和抵押贷款占房产价值比率，住房抵押贷款在市场上主要分为优质抵押贷款、次优抵押贷款和次级抵押贷款三种信用等级不同的贷款。次贷就是次级房屋抵押贷款的简称，是美国金融机构向信用等级较差，即信用记录较差、收

入证明缺失、信用分数低于 620 分、负债较重的人提供的一种抵押贷款。其流程如图 9.1 所示。相对于给信用等级较好的人提供的优质抵押贷款，信用等级较差的人取得的次级抵押贷款在还款方式和利率上，通常被迫遵守严格的还款方式和支付更高的利率。次级抵押贷款的贷款利率通常比优惠级抵押贷款的贷款利率高 2%~3%，是一项高风险、高回报的业务。

从图 9.1 中可以看出，次级抵押贷款公司属于中介机构。贷款中介的盈利是与贷款量挂钩的，它不需要注重贷款品质。因此，它们在营销中往往通过误导消费者来达到目的。

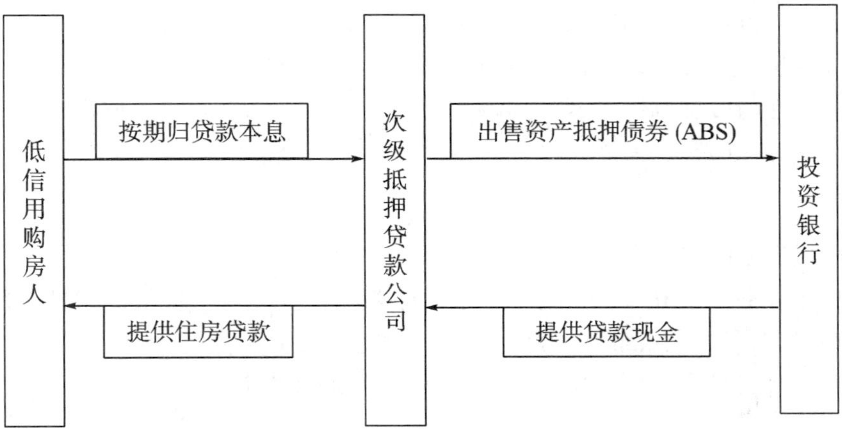

图 9.1　美国次级抵押贷款流程

（二）产生原因

在美国的次级抵押贷款产品中，使用最多的是可调整利率抵押贷款，这是一种定期调整借贷利率的抵押贷款。该产品的特点是在还款的前几年，每月按揭还款很低且数额固定，而一定时间之后，一般情况是 2 年，借款人的还款压力陡增，增幅可能为 2~3 倍。次贷危机的爆发与此产品有直接联系。

贷款中介在销售该产品时，往往不会对这一风险做充分的提示，或者告知消费者房地产的升值幅度会快于利息负担的增加，风险是可控的。而一般借款人在申请贷款时根本没有意识到 2 年后利息的大幅度调高和房地产泡沫的破裂。

显然，次级抵押贷款产品设计上的缺陷是导致次贷危机的最根本因素。美国宏观政策的转变是次贷危机爆发的直接原因。

第一，长时期的低利率政策导致流动性充足和房地产景气。2004 年以前，美联储为了消除互联网泡沫和“9·11”恐怖袭击带来的不利影响，刺激经济的增长，实行了长时期低利率政策。次级抵押贷款公司受利益驱动，大幅降低信贷标准，甚至推出“零首付”“零文件”的贷款方式，虽活跃了市场，但风险加速积聚。

第二，加息周期导致房地产泡沫破灭。由于原油和大宗商品价格的持续上涨，美联储为了抑制通货膨胀，货币政策转向紧缩，2004 年上半年后开始加息，带来了美元新一轮的升值周期。面对利率上升及房地产市场价值下跌的双重打击，次级抵押贷款的违约率不断上升，导致以这些贷款为基础的 MBS（次级住房抵押贷款支持证券，Mortgage Backed Securities）和 CDO（担保债务凭证，Collateralized Debt Obligation）的价格暴跌，出现了抛售，但买家寥寥无几，二级市场缺少流动性，最终引发了影响全球的次级债危机。

第三，住房抵押贷款公司、投资银行、评级公司等中介机构的助推作用。次级抵押贷款产品本身的缺陷必然会导致次贷危机，而中介机构所起的作用则使这次危机影响程度更深、影响范围更广、影响时间更长。

（三）实质

次贷危机一方面是信用危机，引起了人们对金融机构信用的全面估值；另一方面也是流动性危机，在各大金融机构纷纷亏损时，信贷紧缩加剧。流动性危机影响了投资者的信心，而信心危机反过来又加剧了流动性危机。此外，次贷危机引起了股市的大跌，拖累了全球的实体经济。

（四）启示

次贷危机带来的主要启示如下：

（1）政府不仅不能在金融市场中缺位，还必须加强对金融体系的宏观监管。

（2）重新思考美国在国际金融体系中的作用。

（3）加强经济政策之间的协调，注意经济政策的前瞻性。

本章小结

金融危机是指多个国家与地区的全部或大部分金融指标（如短期利率、货币资产、证券、房地产、商业破产数和金融机构倒闭数等）的急剧、短暂和超周期的恶化。

引发金融危机的原因主要包括汇率制度选择不当、金融体系脆弱、经济基础薄弱、财政赤字严重、危机跨国传播等。

适当的汇率制度、健全的金融体系、合理的外债规模，并保持区域金融稳定有助于防范货币危机的爆发。在遭受货币危机后，政府可以通过控制资本外流、汇率制度改革、迅速的金融调整与强力的金融监管、有效引导公众预期，并快速启动区域合作机制等应对危机。

复习思考题

1. 什么是国际金融危机？其主要表现形式有哪些？
2. 简述引发国际金融危机的主要原因。
3. 简述一国防范金融危机的主要措施。

实训操作

请收集东南亚金融危机、美国金融危机和欧洲主权债务危机的相关资料，分析其是否属于货币危机，各有哪些特点。

参考文献

1. 付玉丹，袁淑清. 国际金融实务［M］. 北京：北京大学出版社，2013.
2. 王文青. 国际金融理论与实务［M］. 成都：西南财经大学出版社，2013.
3. 雷仕凤，王芬. 国际金融学［M］. 北京：经济管理出版社，2010.
4. 于研. 国际金融［M］. 上海：上海财经大学出版社，2014.
5. 王爱俭. 国际金融概论［M］. 北京：中国金融出版社，2005.
6. 孟昊. 国际金融理论与实务［M］. 2 版. 北京：人民邮电出版社，2014.
7. 杨长江，姜波克. 国际金融学［M］. 3 版. 北京：高等教育出版社，2008.
8. 陈雨露. 国际金融［M］. 4 版. 北京：中国人民大学出版社，2011.
9. 刘玉操，曹华. 国际金融实务［M］. 4 版. 大连：东北财经大学出版社，2013.
10. 马君潞，陈平，范小云. 国际金融［M］. 北京：科学出版社，2012.